大学生就业价值观教育体系研究

王 浪 著

群言出版社

QUNYAN PRESS

·北京·

图书在版编目（ＣＩＰ）数据

大学生就业价值观教育体系研究 / 王浪著． -- 北京：
群言出版社，2024.4
ISBN 978-7-5193-0934-3

Ⅰ．①大… Ⅱ．①王… Ⅲ．①大学生－就业－研究
Ⅳ．①G647.38

中国国家版本馆CIP数据核字（2024）第 077724 号

责任编辑：孙平平　孙华硕
封面设计：知更壹点

出版发行：群言出版社
地　　址：北京市东城区东厂胡同北巷1号（100006）
网　　址：www.qypublish.com（官网书城）
电子信箱：qunyancbs@126.com
联系电话：010-65267783　65263836
法律顾问：北京法政安邦律师事务所
经　　销：全国新华书店

印　　刷：河北赛文印刷有限公司
版　　次：2024年4月第1版
印　　次：2024年4月第1次印刷
开　　本：710mm×1000mm　1/16
印　　张：10.5
字　　数：210千字
书　　号：ISBN 978-7-5193-0934-3
定　　价：48.00元

作者简介

　　王浪，女，汉族，1985 年生，湖南临澧人，硕士研究生，助理研究员，毕业于湖南师范大学心理健康教育专业。就职于湖南涉外经济学院招生就业处。

前　言

随着中国高等教育规模的快速扩大，高校培养的大学毕业生人数逐年攀升，一方面，这为中国各项事业的建设提供了庞大的人才储备，推动了改革开放和社会主义现代化建设的步伐；另一方面，相对于不断增加的大学毕业生人数，社会所提供的就业岗位增长缓慢，这也导致了大学毕业生的就业压力增大。大学毕业生就业难的原因是多方面的，包括高校教育质量和结构的不匹配、社会对人才的过高要求和单一评价、各地区之间经济发展和就业机会的不均衡，以及大学生自身缺乏职业规划和创新创业能力等因素。

作为高等教育关键一环的大学生就业教育是推动社会主义现代化建设不可或缺的环节，也是高等教育追求高质量发展的必然选择。为使大学生树立科学的就业观，我们应充分发挥社会主义核心价值观的引领作用，形成政府、社会、高校和家庭共同参与的育人环境。要帮助大学生树立理性就业观，需通过思想政治教育，引导他们正确认识时代变迁与就业形势之间的关系，做到与时俱进。因此，对大学生就业价值观教育体系的深入研究势在必行。

本书共七章。第一章为我国大学生就业的相关理论基础，内容包括大学生就业的含义与基本特点、研究大学生就业问题的必要性、国内外对大学生就业相关内容的研究概述。第二章为大学生就业的现状，内容包括我国大学生就业的基本情况、影响我国大学生就业的主要问题、缓解大学生就业难的对策。第三章为大学生就业价值取向引导，内容包括大学生就业价值取向的理论前提、大学生就业价值取向的生成机理、大学生就业价值取向的总体态势与现实矛盾。第四章为微时代大学生价值观教育，内容包括微时代及大学生价值观教育的含义与特征、微时代大学生价值观教育面临的挑战与机遇、微时代大学生价值观教育存在的问题及其原因、微时代大学生价值观教育的对策。第五章为大学生职业价值观教育体系的建构与运行，内容包括大学生职业价值观教育体系建构的基本原则、大学生职业价值观教育体系建构的基本结构、大学生职业价值观教育体系建构的基本机制。第六章为用社会主义核心价值观引领当代大学生就业观，内容包括我国大学生就业制度的变迁及就业观的演变、影响当代大学生就业观的主客观因素、以社会主义核心价值观引领大学生树立正确就业观的途径。第七章为大学生创业价值观教育的实现路径，内容包括以课堂教学为核心的显性教育路径、以培养文化素养为核心的隐性教育路径、以思想转变为核心的教育者培养路径。

由于笔者水平及能力有限，书中难免会有疏漏之处，敬请广大读者批评指正，以使本书能够日臻完善。

王浪

2023 年 4 月

目 录

第一章　我国大学生就业的相关理论基础

我国高校毕业生的人数每年都在创历史新高,并且其就业难度也在不断增加。这在某种程度上也增加了高校毕业生的就业压力。同时,用人需求结构性的矛盾也不断突出。近些年,受到世界金融危机的影响,大多数国家的经济都处于恢复阶段,并且随着我国经济进入新常态,这就更加剧了高校毕业生就业难的局面。但是,需要注意的问题是,高校毕业生就业问题的解决,不仅可以反映出我国社会经济的发展水平以及国家发展对社会人才的储纳能力,而且在一定程度上也关系到高等教育的改革发展和社会的长治久安。此外,我们也必须承认,就业是民生之本,就业本身就对人民安家乐业、促进社会的和谐稳定和经济的持续发展有着十分重要的意义。具体到大学生而言,大学生本来就是社会主义事业的建设者和接班人,因此彻底解决高校毕业生的就业问题,对于大学生个人、家庭、学校或者是社会的发展来说,都是十分必要的。

第一节　大学生就业的含义与基本特点

改革开放之初,随着经济的发展,党和国家的工作重心逐渐转移到社会主义现代化建设上来,社会对人才的需求急剧增长。在这种形势下,人才问题逐渐提升到国家战略的层面上来。早在 1978 年 12 月份的时候,即党的十一届三中全会之后,中央就确立了"尊重知识、尊重人才"的国策,从而为大批知识分子和各类人才走上经济建设的主战场提供了一定的平台和机会。在随后的一段时间里,党中央又确定了干部队伍建设的"革命化、年轻化、知识化、专业化"的四化方针,不断地落实知识分子政策,突出表现在恢复了高考的招生制度、院士制度和职称制度等,在一定程度上为推进经济建设和改革开放提供了强有力的人才保障和技术支撑。基于对上述形势的分析判断,党的十五届五中全会就提出:"要把培养、吸引和用好人才作为一项重大的战略任务切实抓好……建设一支宏大的高素质人才队伍。"并且在 2001 年的《中华人民共和国国民经济和社会发展第十个五年计划纲要》（以下简称《纲要》）中进一步提出："实施人才战略，壮大人才队伍。"《纲要》第十一章"加快教育发展，提高全民素质"中提出"教育是提高全民素质、培养人才的基础，要面向现代化、面向世界、面向未来，适度超前发展，走改革创新之路"；其第一节"发展各级各类教育"中具体提出"着力推进素质教育，重视培养创新精神和实践能力，促进学生德智体美全面发展"；第二节"深化教育体制改革"中具体指出"采取多种措施突破教育投入瓶颈，增加国家对教育的投入，加大中央和省级人民政府对义务教育的支持力度，加强县级人民政府对基础教育的统筹"。并在随后的《中华人民共和国国民经济和社会发展第十一个五年规划纲要》《中华人民共和国国民经济和社会发展第十二个五年规划纲要》《中华人民共和国国民经济和社会发展第十三个五年规划纲要》《中华人民共和国国民经济和社会发展第十四个五年规划和 2035 年远景目标纲要》中重申了对人才培养的重视。

进入 21 世纪以来，国际和国内的形势又发生了新的变化。在这种情形下，对高素质人才的需求进一步增强，因此也在某种程度上把人才问题推向了国家发展的战略层面。国际和国内形势的变化，对我国高素质人才的培养也提出了新的要求。具体表现在：从国际层面看，随着科学技术的不断发展，经济全球化也在不断深入整个世界，逐渐向"地球村"的方向发展。在这种全球不断进行融合的趋势的影响下，全球的知识创新、科技创新和产业创新也在不断加速。这种创新形势的不断加速给世界带来的影响主要为综合国力竞争的激烈程度不断加深。这种综合国力的竞争主要是对人才的竞争，因为人才资源才是关系到国家竞争力强弱的核心性、战略性资源，甚至可以说是一定的基础性资源。在百年奋斗历程中，我们党始终重视培养人才、团结人才、引领人才、成就人才。党的十八大以来，党中央做出全方位培养、引进、使用人才的重大部署，推动新时代人才工作取得历史性成就、发生历史性变革。而当前我国人才资源不足和经济社会发展要求之间的矛盾也日益突出，高技能和高层次的人才都是严重短缺的。在这种情形下，人才结构和人才管理体制与社会主义市场经济体制不适应等问题就迫切地进入了党和国家议事日程中。

一、大学生就业的含义

为了更好地研究择业观对大学生就业质量的影响，我们必须对就业、大学生就业等的含义有清晰的了解，这样才可以进一步明确择业观指导下的大学生就业质量的影响研究的研究范围和研究价值。

（一）就业的含义

谈到大学生就业的含义，我们必须首先了解就业的含义，这样才可以真正了解大学生就业的含义。

"就业"这个词，在不同的时代条件下，有着不同的含义。就业在词典中的定义是"获得职业并参与工作"。根据这个定义，很多人认为就业是指劳动者通过一定方式或途径获得社会工作岗位，并在该岗位上付出劳动，获取相应的报酬。这一解释在特定的时代和经济发展背景下是合适的，并能在一定程度上解释清楚就业的含义。然而，随着时代的发展，人们所从事的工作种类也在不断变化，如越来越多的人选择成为自由职业者或自主创业。这些人看似未就业，但实际上他们的事业或工作也是通过一定方式或途径获得的，这也可以被视为一种社会岗位。他们在这些岗位上也付出了劳动，并获得了相应的报酬。因此，考虑到各种不同的工作形式和职业选择，对于就业的理解需要与时俱进。

这其中需要注意的问题就是，自主创业的人们不仅仅是社会财富的创造者，也是社会岗位的创造者。因此把他们归结为就业者的范围好像也不合适，可是不把他们归于就业者的范围好像也不合适。在这种形势下，必须对"就业"的含义进行一定的创新，以便适应时代的发展要求。所以，现在"就业"的含义一般可以表述为劳动者和生产资料相互结合，并且从事的是相对稳定的社会劳动，也可以从这个稳定的社会劳动中获取一定的劳动报酬。现在这个有关"就业"的定义主要包含两层含义。第一层含义："就业"就是劳动者与生产资料相互结合的过程，并且从事的也是相对稳定的社会劳动。第二层含义："就业"也是劳动者通过与生产资料相结合，从事相对稳定的社会劳动，并且从中可以获得一定的社会报酬的过程。从这两个定义的表述中，我们可以看出，无论"就业"的含义怎样变化，其强调的都是劳动者通过一定的社会劳动获取社会报酬。社会报酬有时候也被称为劳动报酬，它一般是劳动的社会价值的体现，并且在这个含义中，也明确了就业同义务劳动和一般的家务劳动之间的区别。这个内涵在一定程度上或者说从实质上限定了"就业"的范围。现在流通的这个"就业"的概念具有一定的基本特点，主要表现在以下几个方面。

第一，稳定性。稳定性一般指的是劳动者同一定的生产资料相结合的劳动关系保持着一种相对固定或者是比较稳定的状态。这种状态一般体现的形式就是生存依赖关系、劳动合同关系等形式。在这种稳定性的影响下，就业就和一般偶然性获得的社会报酬之类的劳动相互区分开来。在这里，我们需要注意的是，随着生产力、生产资料和社会分工的不断发展，劳动者的职业变换频率越来越高，尤其是经济结构、就业结构和产业结构的变化频率越来越高，不可避免地会出现劳动者从一个岗位转向另一个岗位的情况，或者是从一个部门向另一个部门转换，在现代社会这种变动在每个人的职业生涯中都是十分普遍的。现在人们的职业生涯规划和之前人们的职业生涯规划有着很大的区别。从前的人们一般从事某个职业的时候就想着"从一而终"，可能有些人的首份工作和最后退休时的工作始终是同一份工作，这可以说是就业的稳定性。但是现在的人们在从事某一份工作的时候，很少有"从一而终"的现象。在这种现象的影响下，有些人就认为现在人们就业的不稳定性增强了。但是这种说法实际上是不正确的。因为人们就业的稳定性并不是由人们的职业变化情况决定的，甚至可以说这种就业的稳定性和职业变化的频率没有多大的关系。因为就业的稳定性实质上是指劳动者同生产资料保持着一种相对固定或者是比较稳定的状态，表现的一般形式就是生存依赖关系和劳动合同关系。而这些内容和劳动者的职业变化频率之间并没有紧密的联系。

第二，社会性。就业的社会性首先表现为职业的社会性，职业的社会性和就业的社会性之间的联系是十分紧密的。职业的发展是社会劳动分工日益发达的产物，而社会劳动的分工是社会生产力发展的结果，在某种程度上也可以说是人类社会进步的结果。一定时期内职业选择的种类、数量和就业状况等内容是由一定时期内的生产力水平和生产关系来决定的。所以从这个层面上来讲，就业表现为一定的社会性。其次，从就业的含义中，我们可以看出，就业是一定的劳动者和一定时期内的生产资料之间形成的相对稳定的一种关系。而由于劳动者和生产资料本来就处于社会环境中，因此它们就具有一定的社会性。综上，就业表现出的社会性的特点主要是由劳动者和生产资料的社会性决定的，具体表现为劳动者的素质、数量和生产资料的状况等内容都是一定的生产力水平和生产关系之下的产物。最后，就业的社会性还表现在劳动者劳动价值的表现——商品上。传统的自给自足条件下的农业生产活动，虽然在一定程度上也是将劳动者和生产资料进行一定的结合，从事的也是相对稳定的劳动，并且在这种劳动中也能获得一定的劳动报酬，但是，这种劳动不是社会劳动，其最终生产的产品也不是商品，其劳动报酬并不是通过参与社会性的活动来获得的，因此其劳动报酬在某种程度上和通过就业所获得的劳动报酬还是有一定的差别的。所以说，虽然他们也参加了一定的活动，但是他们参加活动的目的是满足其自身的发展需求，并且也并未为社会创造出一定的价值，其劳作的产物主要用于自给自足，因此这种劳作就不能称之为就业。就业仅限于指劳动者从事一定的社会劳动，并且在这个定义中将个人需求和社会需求结合起来，同时将个人理想和社会理想结合起来，最好的就是在实现个人理想的同时也能够做出一定的社会贡献，从而正确处理好个人理想和社会理想之间的关系。

第三，目的性。通过分析就业的内涵，我们可以发现，就业也存在一定的目的性。任何人选择就业都有一定的目的，如获得一定的经济报酬，获得一定的社会地位，获得一定的社会阅历等。不同的人选择就业都需要考虑其就业的目的，甚至可以说就业的目的在一定程度上就是一个人坚持在这个岗位上或者是选择这个岗位的重要条件。就业的目的性实际上就是指就业主体在选择某个岗位时的动机或者目的。目前社会上比较常见的就业动机主要分为两大类：一类是获得一定的经济收益，通过获得这些经济收益从而满足自身的生存或者是发展的需求，这类就业动机有时候也被称为对物质财富的追求；另一类是获得一定的精神财富，突出表现为增加社会阅历或者是获得一定的社会经验，这类就业动机通常情况下被称为对精神财富的追求。当然，我们也必须承认，有时候有些人在选择工作岗位的时候，可能会同时追求物质财富和精神财富，以便满足自身的发展需求。而对于高校的毕业生来说，其选择就业的最大目的可能和上述两种追求存在一定的区别，即大多数的大学生选择某种职业的目的是实现其自身的自我价值。因此，大学生在选择某个职业或者是岗位的时候，更多考虑的是这个工作岗位对大学生自我价值实现的意义所在。

（二）大学生就业

大学生作为社会群体中的一个特殊群体，和一般的社会群体还是存在着一定的差异的，因此其在就业的过程中就会出现和一般群体不一样的一些特点，而这些特点的存在在一定程度上也造成了大学生就业这个概念的独特性。

在我们探讨大学生就业的过程中，除了对就业要有一定的了解外，还要加强对大学生的认识。大学生有着广义和狭义之分。广义上的大学生包括所有具有本科、专科等学历的社会成员；而狭义上的大学生一般仅仅指本科或者是专科在读的学生或者是具有同等学历的在读学生。我们探讨的大学生就业是从狭义上定义的，也就是说考察的一般只是在校大学生的就业的基本情况，主要介绍的就是那些即将结束学习生涯，将要走向社会的大学生的职业选择或者是其落实的情况。

目前社会上比较通用的一个"大学生就业"概念是指"完成学业的大学生，根据国家的相关就业政策规定，依据社会需要以及个人条件，按照某些程序谋得职业，并取得一定报酬或经济收入的一种活动"。所以，大学生就业一般指的就是大学生这个特殊的社会群体在其即将结束学业进入社会之际，同一定的生产资料建立生产关系的过程。其实，大学生就业不仅具有一般社会群体就业的特点，而且也具有其本身的特殊性。其内涵中并未对大学生就业的三个要素（劳动能力、劳动愿望、劳动报酬）进行明确的规定，但是我们也要对其有相应的掌握。

二、大学生就业的基本特点

与社会其他群体的就业相比，大学生就业有其特殊之处，其特点主要表现在以下几个方面。

（一）大学生就业有一定的时效限制

大学生就业不同于其他群体就业的主要特点就在于其时效性。这主要是因为大学生就业本来就有一定的时间限制，尤其是大学生毕业的时间大多是比较固定或者说是比较接近的，因此大学生就会面临着相对集中就业的局面。目前各高校一般都要求毕业生在离校之前就找到一定的工作单位，这在一定程度上也给大学生的就业时间带来了一定的限制。在大学生就业制度进行改革之前，大学生一般都是"统分统配"，在这种情况下，大学生在进行择业的时候，就会在国家限定的时间内进行集中分配。随着大学生就业制度的改革，尤其是"双向选择"就业机制的逐步建立和完善，大学生的就业时效期也发生了一定的变化。大学生择业的时间也相应地进行了延长，有的学校甚至把其择业的时间延长到了毕业后的两年之内。

（二）大学生就业有一定的政策支持

近些年来，从中央到地方，各个组织或者是机构都在不断强调大学生就业问题的紧迫性与重要性。在这种认知的影响下，相应的政策不断出台，从而进一步推进了大学生实现就业，尤其是不断优化了大学生的创业环境，积极鼓励高校的毕业生选择自主创业，并且为其提供了很大的政策层面和财政层面的支持。2021年12月，国务院办公厅印发的《关于进一步支持大学生创新创业的指导意见》中提出，大学生是大众创业、万众创新的生力军，支持大学生创新创业具有重要意义。要以习近平新时代中国特色社会主义思想为指导，全面贯彻党的教育方针，落实立德树人的根本任务，立足新发展阶段、贯彻新发展理念、构建新发展格局，坚持创新引领创业、创业带动就业，提升人力资源素质，实现大学生更加充分、更高质量的就业。

除了国家或者是地方行政管理部门制定的有关大学生创业、就业的政策，各个高校也制定了一系列促进大学生就业的政策。这些政策从内容上来说，主要可以分为提高大学生就业的基本能力、加强对大学生职业生涯规划的指导、为大学生就业或者是创业提供一定的平台或者是机会支持等。在提高大学生就业的基本能力方面，各个高校主要是通过调整大学生的课程设置，即调整课堂上讲述的理论内容与实践内容的比例关系、选修课与必修课之间的比例关系以及设置一些更适宜提高学生就业能力的课程等，从而从根本上提高大学生就业的基本能力，最终促进其就业或者是创业的实现。在加强对大学生职业生涯规划的指导方面，各个高校一般是通过加大对大学生职业生涯规划课程的安排或者是课程内容上的调整，从而最大限度地提升大学生的职业生涯规划能力，使大学生在求职的过程中，可以选择一些适合自己职业生涯规划或者是符合自己能力的工作岗位，这样不仅有利于大学生找到令自己满意的工作，最终实现大学生的个人价值，而且在一定程度上也可以促进经济的发展和社会的进步，从而实现大学生的社会价值。在为大学生就业或者是创业提供一定的平台或者是机会支持方面，各个高校不仅为大学生创建了相应的校内实训或者是校外实训的创业基地，而且还开展了许多促进大学生就业或者是创业的校园活动，如大学生职业生涯规划大赛、大学生创业社团等，从而提升大学生的总体就业能力。

（三）大学生就业存在着一定的不平衡性

与社会群体的就业相比，大学生在就业过程中存在着更为明显的不平衡性。这种不平衡性主要表现在学历背景、学科专业、就业地区等方面。

在学历背景方面，这种不平衡性主要表现为：通常情况下，学历较高的那部分人就业的情况相对较好，也就是说，研究生（硕士研究生或者是博士研究生）的就业情况会比较好；然后就是本科生，本科生中一类院校又要好于二类院校，二类院校又要好于三类院校；再然后就是专科生，专科生通常面临着供大于求的状态。但是，随着我国逐渐形成了一种重视高素质人才的氛围，高学历的人才越来越多，高学历群体之间的就业竞争也越来越激烈，并且低学历群体的就业相应地就会更加困难。此外，即使是同等学历，毕业院校的不同也会导致就业的差异。现在社会上的用人单位，喜欢招收一些重点大学毕业的大学生，因为传统的观念认为这些从重点大学毕业的学生的综合素质要比从普通院校毕业的学生的素质高，因此在一定程度上也加剧了某些大学生就业难的局面。综上所述，由于学历背景存在差异，大学生就业就存在着一定的不平衡性。

在学科专业方面，这种不平衡性主要表现为，不同专业的毕业生由于其市场需求的不同，可能某些专业的毕业生会出现供不应求的局面，而另外一些专业的毕业生可能就会出现供过于求的局面。说到底，随着高新技术等产业的迅速发展，现在的就业市场和之前的就业市场存在很大的区别。这种差异不仅体现在对人才质量要求的不断提高上，同时也表现为人才需求的多样性显著增强。某个学生在高中毕业之后，选择所要学习的专业的时候，当时可能就业市场对这种职位或者是人才的需求量还是很大的，因此当时认为这个专业未来的就业前景是十分广阔的。但是，没想到，四年之后，或者根本就不用四年，在很短的一段时间内，这个需求可能就会发生很大的变化，因此本来十分明朗的就业前景就会变得十分渺茫。所以，高中毕业生在选择大学所要学习的专业的时候，必须具备一定的战略性或者是前瞻性的眼光，可以选择一些毕业之后能够适应就业市场需求的专业，从而提高自身就业的可能性。除此之外，传统专业和新兴专业的就业情况也存在着很大的差距。因为传统专业相对来说发展时间较长，为社会输出的人才也相对较多，因此其就业市场基本上处于饱和的状态。如果还要选择一些传统的专业去学习的话，就需要继续深造或者是掌握该学科特别精、尖、专的知识，只有这样，才有可能顺利实现就业。在新兴行业，也并不是所有的毕业生都能够顺利就业。除了和个人能力有关之外，还要看当时社会对该专业人才的需求量或者社会对该专业人才质量的要求。有时候毕业生会面临这样一种局面，同是一个学校一个专业毕业的学生，但就是由于学历背景或者是自身能力的问题而出现了就业难的局面。梧桐果作为专业的校园招聘与大学生就业网站，对中国高校毕业生就业进度高度关注，持续跟踪中国高校毕业生就业状况。在 2016 年夏季高校毕业季，梧桐果在全站大数据分析的基础上，发布了大学毕业生各专业就业难度指数报告，旨在使各位大学生了解自身专业的前景，以便于做出更好的职业规划。详情见表 1-1。

表 1-1　2016 年中国高校各专业毕业生就业难度指数排名

排名	专业小类	需求岗位数 / 个	毕业生数 / 人	就业难度指数
1	农业经济管理类	9 805	80 808	8.24
2	地质类	30 710	124 764	4.06

排名	专业小类	需求岗位数/个	毕业生数/人	就业难度指数
3	矿业类	53 539	177 156	3.31
4	草学类	2 368	7 548	3.19
5	财政学类	54 871	165 612	3.02
6	旅游管理类	48 137	142 080	2.95
7	安全科学与工程类	41 218	116 772	2.83
8	经济与贸易类	172 790	455 544	2.64
9	自然保护与环境生态类	4 810	12 432	2.58
10	环境科学与工程类	108 928	242 868	2.23
11	社会学类	33 263	71 484	2.15
12	土木类	388 944	769 452	1.98
13	材料类	285 492	555 888	1.95
14	外国语言文字类	356 458	657 564	1.84
15	化工与制药类	206 460	375 180	1.82

数据来源：麦可思—中国2017—2021届大学毕业生培养质量跟踪评价。

通过分析上述表格的内容，我们可以清楚地看到，2016年我国高校毕业生十大难就业的专业小类分别为农业经济管理类、地质类、矿业类、草学类、财政学类、旅游管理类、安全科学与工程类、经济与贸易类、自然保护与环境生态类、环境科学与工程类。或者我们也可以用专业大类的形式来表示高校毕业生的就业难度，可以更加清晰地看到高校毕业生难就业的专业类别。

2022年，中国的高校毕业生人数首次突破了1 000万大关，达到了1 076万人，比去年同期增长了167万人。

在2022年的中国大学生就业报告中，一些专业被标记为"红牌"，这些专业的市场就业压力较大，薪资待遇相对于其他专业而言较低；同样的报告中，一些专业被标记为"绿牌"，这些专业的市场需求相对较大，薪资待遇等相对较好，并且相关行业为增长型行业，行业前景较好。表1-2和表1-3列示了2018—2022年本科"绿牌"专业和"红牌"专业的具体信息。

表 1-2　2018—2022 年本科"绿牌"专业

专业	2022 年	2021 年	2020 年	2019 年	2018 年
信息安全	√	√	√	√	√
网络工程	√	√	√	√	√
信息工程	√	√	√	—	—
微电子科学与工程	√	—	—	—	—
数字媒体技术	√	√	—	√	√
能源与动力工程	√	—	—	—	—
软件工程	—	√	√	√	√
电气工程及其自动化	—	√	√	—	—
计算机科学与技术	—	—	√	—	—
数字媒体艺术	—	—	√	—	√
物联网工程	—	—	—	√	√
通信工程	—	—	—	√	√

数据来源：麦可思—中国 2017—2021 届大学毕业生培养质量跟踪评价。

表 1-3　2018—2022 年本科"红牌"专业

专业	2022 年	2021 年	2020 年	2019 年	2018 年
汉语国际教育	√	—	—	—	—
绘画	√	√	√	√	√
应用心理学	√	√	√	√	—
音乐表演	√	√	√	√	√
法学	√	√	√	√	√
历史学	—	√	—	√	√
化学	—	—	√	√	√

续表

专业	2022 年	2021 年	2020 年	2019 年	2018 年
美术学	—	—	—	—	√

数据来源：麦可思—中国 2017—2021 届大学毕业生培养质量跟踪评价。

在就业地区方面，这种不平衡性主要表现为，发达程度不同的地区对大学生的需求也是不同的。比如在东南沿海等经济发达地区或者是城市对高校毕业生的需求量是非常大的，而中西部内陆等经济欠发达的地区或者是偏远山区对高校毕业生的需求量相对较少。所以，在大学生的就业过程中就明显出现了地区不平衡性。高校毕业生在选择不同的地区进行就业的时候，其就业实现的可能性也是不同的。这就启示高校毕业生在择业或创业的时候，应结合自己的能力和职业生涯规划，选择适宜自己的地区，从而最大限度地解决高校毕业生就业难的问题。

除了上述我们论述过的学历背景、专业选择和就业地区上存在的不平衡性外，大学生就业的不平衡性还表现在其他方面，如不同企业对高校毕业生的需求是不同的。一般来讲，国有大中型企业对高校毕业生的需求量是相对有限的，而中小型企业和一些民营企业对高校毕业生的需求量相对较大，因此高校毕业生在选择就业岗位的时候，必须选择适合自己的行业或者是企业类型，以顺利地实现就业。具体到我国的现实情况来说，高校毕业生要改变之前传统的就业观念，改变那种"铁饭碗"的想法，不应再以找到类似的国有企业或者是事业单位的所谓的"体面工作"为其目标，而应该进一步拓宽其就业的选择范围，在一定情况下，也可以选择民营企业或者是中小型企业实现就业。说不定在这种岗位上，他们在实现自己个人价值的同时，也能为社会做出一定的贡献。同时，我们也需要注意到，个别单位在选择员工的时候，倾向于男性的概率更大一些。在这种性别不平衡现象存在的背景下，高校的女大学生在就业的过程中，可能会遭遇更多的就业难题。

（四）大学生就业观与用人单位对求职者的需求均发生了一定的变化

通过调查数据，我们可以发现，大学生就业观与用人单位对求职者的需求均发生了一定的变化。传统的大学生就业观最明显的表现就是"等、靠、要"，而在现在的大学生就业观中，大学生的自主性得到了极大的提高，如其就业标准、就业路径及其就业意识等发生了很大的变化。现在的大学生大多积极主动地去争取自己的就业或者是创业机会，从而在一定程度上提高了大学生的就业率。此外，还有不少高校毕业生为了缓解目前就业困难的局面，而选择继续学习深造，这样也可以缓解大学生就业难的局面。

总体来说，现在大学生的就业观更加强调的是对其就业意识的培养，即应更加倾向于积极主动地寻找就业机会，这样的话，大学生的就业机会就会大大增加。另外，大学生在择业的时候，也不再仅仅把目光放在国有企事业单位上，而是逐渐扩大了择业的范围，更加看重这些应聘的单位能否为其提供一定的发展平台，从而实现其个人价值。

同时，高校毕业生的就业途径也发生了很大的变化，具体表现为从之前仅限于校园招聘会的求职途径或者是家人、朋友介绍工作的局面，转变为可以充分利用网络资源或者是其他求职渠道，去实现自主就业。大学生就业观念的变化，不仅有利于大学生拓宽其就业空间，而且在一定程度上也进一步拓宽了大学生的就业领域，对解决大学生就业难的问题是十分有利的。

用人单位对求职者的要求也发生了一定的变化，如不仅把目光放在求职者的学历上，而且也非常注重大学生的综合素质。另外，在对求职者的评估中不仅注重大学生在校期间的日常表现，而且更为注重大学生的身心健康以及大学生的团队合作精神等。通过上面的论述，我们可以发现，用人单位尤为注重求职者的质量，而这也关系到用人单位的发展，最终则会影响到整个社会的发展。

第二节　研究大学生就业问题的必要性

大学生就业不仅关系到大学生自身的发展，更关系到家庭、社会的发展。因此加强对大学生就业问题的研究，就在一定程度上和国家、社会有着十分紧密的联系。在某种层面上，也说明了研究大学生就业问题的必要性和重要性。

一、对大学生的学习、就业和成才十分有益

职业选择是大学生人生价值的初步定位，是其人生道路上十分关键的一步。有人曾经说过，一个人对社会的贡献在很大程度上取决于其从事的职业。因此大学生在选择职业的时候，可以说在一定程度上对其人生价值也进行了某种定位。也可以说，大学毕业生的就业实际上是大学生人生道路上的一个重要转折点。如果大学生选择了适合自己的职业或者是岗位，那么大学生实现其人生价值的可能

性就会增大；如果大学生选择了不适合自己的职业或者是岗位，那么大学生在这个工作岗位上实现其人生价值的可能性就会降低。因此，研究大学生的就业问题可以使大学生清楚地认识到自己所学的理论和实践知识与社会需求之间的差距，以便在今后的学习或者是工作中不断地去充实自己、完善自己。通过研究大学生的就业问题，可以帮助大学生认识到就业不是其最终的目的，通过就业实现人生价值和社会价值才是其最终的目的。

二、对促进高校思想政治教育十分有益

在改革开放的持续推动下，我国社会主义市场经济的发展步伐不断加快。在此经济环境下，我国经济成分和经济利益产生了显著变化，同时，社会大众的生活方式和就业方式也呈现出多样化态势。这些社会变革对大学生产生了深远的影响。具体到高校思想政治教育的实施过程中，这就导致高校思想政治教育课程面临诸多新挑战，教师的工作难度也较以往更高。

当前，众多高校已将就业指导课程纳入其教育体系中，旨在为大学生提供全面的就业教育。在此过程中，高校也逐步加强了对大学生的思想政治教育，确保他们在就业或创业时始终坚持社会主义的发展方向。这不仅有助于大学生顺利实现就业目标，还有助于他们实现个人的社会价值。因此，思想政治教育在大学生创业教育中占据着举足轻重的地位，对大学生就业教育的成功起到了关键性的作用。

大学生的就业问题，也可以在一定程度上反映出大学生在就业过程中遇到的难题，通过对其进行研究，高校就可以在对大学生进行思想政治教育的时候，有针对性地将大学生在就业过程中遇到的难题融入思想政治教育的教学过程中，从大学生最关心的问题入手，避免高校思想政治教育教学内容与学生实际生活联系不紧密的局面，进而最大限度地把解决大学生的思想问题和解决大学生的现实问题结合起来。

三、对国家的经济建设和社会稳定十分有益

党的十九届五中全会明确了到2035年我国进入创新型国家前列、建成人才强国的战略目标。要做好新时代人才工作，就必须坚持党管人才，坚持面向世界科技前沿、面向经济主战场、面向国家重大需求、面向人民生命健康，深入实施新时代人才强国战略，全方位培养、引进、用好人才，加快建设世界重要人才中心和创新高地。

高校大学生是国家培养的高级专业人才，是未来社会所需的高素质人才的核心，也是贯彻和落实科教兴国战略以及新世纪宏伟目标的重要力量。高校毕业生不完全就业或者就业不合理，可能会导致人才的闲置或者对人才的不合理使用，这样不仅会造成人才的浪费，也会给社会稳定带来诸多不利的影响。为此，加快对大学生就业现状的研究，帮助大学生顺利择业并就业，对于落实国家的战略方针以及推进社会主义现代化建设的进程具有十分重要的意义。

四、对高等教育改革的不断深化十分有益

我国高等教育的主要任务是培育具有创新精神及实践能力的高级专业人才，大力发展科学技术文化，推动社会主义现代化建设的进程。高等教育的改革要能够适应经济建设与社会发展对各类专业人才的需求，全面提升人才培养的质量。高校毕业生的就业状况直接关系到高等教育的改革和发展，高等教育能否和社会主义经济建设及社会发展相适应，一般可以通过对高校毕业生的需求状况反映出来；高校培养的人才的质量最终能够在用人单位对毕业生的实际运用中得到体现。

为此，对毕业生的就业现状展开研究，有利于借助就业反馈中的相关信息，促进高校人才培养模式的变革以及专业结构的更新，推进学校的发展与前进，使高校培养出来的人才能够满足并适应社会主义现代化建设的需求。大学生就业状况在一定程度上是高等教育改革及发展的指示灯，对其进行密切关注，可以促使高校不断提升高等教育的质量，提升整体的办学效益，深化和推进高等教育的改革工作。

第三节　国内外对大学生就业相关内容的研究概述

在当今社会中，各国都将教育事业当作推进国家发展的基础性事业。在整个教育体系中，高等教育是非常关键的一环，一个国家的综合实力通常体现在其高等教育的质量方面。

一、国内对大学生就业相关内容的研究

独立学院是近些年不断发展壮大的高等教育学院，虽然发展的历史比较短暂，但它在培育优秀人才、提升人才质量等各个方面中起着越来越重要的作用。但大学生就业困难的问题一直困扰着我国高等教育的发展，刚刚起步的独立学院一样

也面临着这些难题，在某些情况下，独立学院的毕业生所面临的就业压力远远高于其他高校的毕业生，这给独立院校的发展增添了不少麻烦。因此，越来越多的人开始思考如何做才能有效地提升独立学院毕业生的就业质量，逐渐解决独立学院毕业生就业难的问题。高校毕业生的就业问题现今已是一个国际性的问题，国内外的学者都十分关注。与我国相比，国外对高校毕业生就业问题的理论研究起步得更早，研究成果也更加系统，其中也包含了对就业质量问题的相关研究，并收获了较为丰硕的研究成果。但是因为独立院校是近些年才兴起的，因此从总体上看，对独立院校毕业生就业质量问题的研究还有待提升。

自 1999 年起我国高等院校开始扩招，大学生就业问题就逐渐突显出来。高校毕业生就业难的问题引发了国内学者的相关讨论，我们可以从不同的角度进行分析，寻找原因与解决的方案。目前，从社会环境、高等教育制度以及大学生自身角度进行研究是较为典型的研究方向。

（一）社会环境角度

自改革开放之后，我国逐渐形成了以劳动密集型产业为主的经济结构，对高等教育人才的需求不充足，导致了高校毕业生就业难的困境。一些研究成果都针对这一问题进行了探讨。尚需完善的就业市场环境、不协调的区域经济发展状况、劳动者的户籍档案等相关的社会就业体制问题在一定程度上影响着大学生的就业选择。

（二）高等教育制度角度

大学生就业教育作为高等教育的重要组成部分，是全面建设社会主义现代化国家的客观需要，是实现高等教育高质量发展的内在要求，也是促进学生成长成才、高质量充分就业的重要举措。当前，大学生就业教育还存在重视度不高、思想引导力度不够、实践性不强、参与度不高等现实问题。做好新时代大学生就业教育，必须重新审视就业教育在人才培养中的定位，进一步健全教育机制、加强教育协同、丰富教育内容、创新方式方法。有些专家认为可以从劳动力市场供给的角度出发，将大学毕业生就业难归因于大学毕业生就业能力的欠缺，而高校毕业生就业能力的高低同高等教育的体制是紧密相连的。因此，要不断改革招生制度、创新人才培养模式、加强大学生就业指导工作，进而增强高校毕业生的就业能力，以缓解就业压力。

（三）大学生自身角度

在众多影响高校毕业生就业问题的因素中，高校毕业生自身素质的高低直接决定着大学生能否顺利实现就业。到目前为止，我国学者对高校毕业生自身角度的研究主要聚集在就业观念以及就业能力等各个方面，其中核心竞争力是大学生综合素质的集中体现，并指出了确立阶段目标、依靠持续学习、激发前进动力、提升综合素质、培养鲜明个性等能够有效提升大学生就业竞争力的有力措施。另外，大学生个人及其父母的期待值与现实中的就业岗位或者机会之间具有一定的差距，导致大学生面临着就业难的困境。高校毕业生职业生涯的发展多多少少都受到了这种不正确的就业观的影响。

国内学者对大学生就业质量的相关研究和探索从20世纪90年代末起步，与就业领域的其他研究相比，起步时间比较晚，只是针对某些方面进行了初步的研究，具体包括界定就业质量的相关概念以及建构就业质量的相关评价标准，分析就业质量的现状，并探究其影响因素，研究解决途径等。在对有限文献的整理中，定量研究极为少见，大多数都是理论方面的定性研究。然而不容忽视的是，任何事物都有一个漫长的形成过程，我们也要看到学者们的努力，可以将一些学术研究成果视为该领域理论研究的有力支撑。

首先，国内的许多学者在自己的研究领域从不同层面对就业质量的基本内涵做了界定与阐述。

就宏观层面而言，就业质量的相关概念可以统一到1999年由国际劳工组织所提出的"体面劳动"这一阐述上面。国际劳工组织为体面劳动确定了一个初始概念，所谓的体面劳动是指在自由平等、保证安全与尊严的条件下进行的生产性工作。体面劳动的主要特征是权利被保障、足够的薪酬以及社会保险被提供。由此可知，高质量的、体面的就业应当具备自由、平等、有尊严、安全等特征。就业质量和体面劳动紧密相连。在劳动者与经济增长的关系的基础上，我们可以从经济生活、就业环境和生产效率三个方面来定义就业质量。在宏观层面，如国家、地区或行业，就业质量是指该范围内劳动者的整体工作状况的优劣程度，它通常通过反映该范围内劳动者工作情况的各要素的相关统计数据来体现，如劳动合同签约率、社会保险参保率以及平均工资等。

就微观层面而言，所有同劳动者个人工作状况相关的要素都包括在就业质量的范围内，主要包括工作时间、工作环境、薪资福利以及社会保障等。它是用来衡量高校毕业生个体就业情况的主要标准。就业质量是一个综合性概念，其衡量标准涉及劳动者在就业过程中的多重方面，如就业机会的获取、机会平等、工作稳定性、工作环境及其安全性、收入水平和个人发展等，体现了劳动者在这些方面的满意程度。从职业发展的角度来看，工资待遇、职业地位、社会保障及发展空间等要素可以全面反映就业质量，并具体表现在职业成就、职业声望、职业期望满足程度、职业锚、职业方向、职业适应性及人职匹配等相关方面。以"体面劳动"为基准，就业质量涵盖了劳动者与生产资料在就业过程中紧密结合，并获取报酬或收入的具体状况的优劣程度，主要包括工作性质、工作环境、聘用条件、社会保障、劳动关系等内容。简而言之，就业质量反映了劳动者就业状况的好坏，涵盖当前毕业生就业情况、才华施展、收入水平及工作满意程度等方面。

在一切关于就业质量内涵的不同阐述中，从人和生产资料相结合的层面出发而提出的，"就业质量是反映整个就业过程中劳动者和生产资料的紧密结合，并获得相应报酬或者收入的具体状况之优劣程度的综合性范畴"得到了学术界的一致认同。

其次，从不同层面出发对高校毕业生就业质量评价标准的相关研究也是当下许多国内学者探究的主要方面。在我国的学术研究中，学者们通常遵循国际劳工组织的标准，对就业质量进行深入的衡量与评估。关于择业效能以及个人背景特征对大学生就业质量的影响，专家们提出了一种策略：通过增强择业效能感来提高大学生的就业质量。在职业生涯辅导过程中，针对择业效能感及个人背景特征不同的高校毕业生，应实施差异化的辅导方法。为提高操作的简便性，相关研究者设计了一种结构化的就业质量评分表。该表采用比值形式，从聘用条件、劳动关系、工作环境和社会保障四个维度进行评分，各维度的权重分别为23%、24%、30%和23%。立足于我国的社会背景与传统文化，结合既有的就业质量评价标准与数学模型，相关研究者提出了一个针对高校毕业生的就业质量评价指标体系的计算方法。同时，参考国内外学者的研究成果，我国学者确定了与我国大学毕业生就业质量评价密切相关的三个基本指标：薪酬福利、劳动关系以及个人发展。为了全面体现评价标准的合理性，还应充分考虑毕业生的就业层次。在定性分析整理评价指标的基础上，采取德尔菲法（专家调查法）开展调查，使用定量分析挑选出关键性指标，最终确立综合评价的指标体系，具有一定的可行性及科学性。

总体看来，尽管国内外学者们都尽力全面而客观地展现劳动者的工作情况，但是在对建构就业质量评价体系的研究中难免会有一定的局限性与不足之处。比如《北京地区大学毕业生就业质量研究》提出了高校毕业生就业质量的评价体系，由于客观数据因素的制约，评级指标依然不够完善，与高校毕业生相关的一些重要指标并没有包含在内。其后，《建立我国就业质量量化评价体系的步骤与方法》一文从宏观角度提出了就业质量的评价体系，目标群体不具备针对性。

最后，相关学者的研究成果还涉及了许多方面，诸如高校毕业生就业质量的影响因素、现实情况等。

通过查阅各类相关文献资料可以发现，学者们大致从宏观、中观以及微观三个角度出发对大学生就业质量的影响因素进行了探讨，主要方面有经济全球化、劳资关系、政策制度、学校特征、人力资本以及劳动者个体因素等。

第一个是宏观层面，包括政策制度和经济全球化等多重因素的影响。经济全球化通过强化资本以及弱化劳动的方式，打破了传统的劳资力量对比的平衡状态，导致劳动者的就业质量下降。大学实行的扩招政策以及毕业生的数量对就业质量具有一定的负面影响，但经济的发展水平、经济结构的变迁、高校教育经费投入等对就业质量能够产生正面效应。

第二个是中观层面，包括劳资关系以及学校特征等因素的影响。高校的人才培养计划会对毕业生现期或者远期的就业质量造成一定的影响，但事实上，劳资关系对就业质量产生的影响，也是就业质量内容的主要构成要素，值得推敲。另外，高校毕业生的就业质量还受到了来自人才培养特色、学校综合实力及影响力、专业课程的设置、学生自身的综合素质、工学结合的紧密程度、就业指导与服务等多方面的影响。

第三个是微观层面，主要包括社会资本、人力资本、性别、就业能力以及家庭背景等多重因素的影响。主要有社会资本对毕业生就业质量具有正向及负向影响；个体所具备的社会资本和人力资本对就业质量产生的影响是正面积极的；我国男性职工的就业质量在整体上要高于女性职工的就业质量，导致这种现象的原因主要是受教育程度、社会性别观念以及性别歧视等。此外，从工作环境、工作地点、薪资水平、兴趣爱好等方面入手进行调查分析与比较，最终得出了就业质量直接受高校毕业生就业能力的影响这一结论。通过调查统计得出对高校毕业生就业质量产生影响的主要因素有就业期望、就业环境、就业能力及个性特征等四个方面。心理素质、思想品德素质、能力素质以及创新素质等非专业素质对高校毕业生就业质量具有决定性的影响。

二、国外对大学生就业相关内容的研究

在 20 世纪初期，很多西方学者就开始关注高校毕业生的就业问题并进行了

相关研究。与我国相比，国外对大学毕业生就业质量问题的研究起步较早，实践经验更为丰富，并且获得了较为丰富的理论成果，如生涯规划理论、就业服务指导理论、就业心理理论等。

从 19 世纪 70 年代到 20 世纪初，由于美国工业化社会的快速发展，来自世界各地的移民一起涌向美国，包括大量的农民。这一系列的社会变化最终导致了职业差异。

1908 年，弗兰克·帕森斯（Frank Parsons）在美国的波士顿设立了职业局。它的功能与今天的职业介绍所类似，是第一个比较具体的职业组织。他于 1909 年在《职业的选择》中首次提出了职业指导这一概念。早期的特质因素论来源于弗兰克·帕森斯人—职匹配的概念。特质因素论以经验为指导，将差异心理学作为主要的理论依据，借助特质描述个别差异，并强调个人特质和职业选择之间的关系。伴随着社会的发展以及学科的融会贯通，形成了几种不同类型的就业指导理论，主要有当事人中心论、生涯发展论、特质因素论、类型论、生涯决定论等。

美国著名的遗产算法之父霍兰德（Holland）于 1959 年提出了具有广泛社会影响力的人业互择理论，他认为人的人格类型、爱好与职业之间关系密切，而不同的人格类型要遵循此类个人导向选择进而规划职业生涯。他提出了六种具有代表性的职业环境与个人导向，主要包括研究型、社会型、实际型、艺术型、企业型以及传统型，并以此为基础针对各种职业都赋予了一个三位代码，借助对人格的自我探索和检测确定本人的人格类型后就可以找到该三位代码所对应的职业类型。霍兰德所提出的类型论一直到现在都是世界各国开展就业指导的有力工具。

当前，国外相关的高校毕业生就业问题主要是从供求情况以及供求匹配角度展开研究的。供求平衡是确保高校毕业生能够充分就业的关键所在。首先，在市场的需求中，经济市场的人才需求同社会的实际生产是相符合的，经济模式以及产业结构在一定程度上决定着人才培养的类别。其次是高校毕业生的供给，高校毕业生的就业能力最终是由其所拥有的知识、态度与技能等所决定的，取决于他们运用与配置这些资产的方式、向雇主展示这些资产的方式以及他们寻找工作的特殊环境。最后是大学生供给和市场需求的匹配程度，这主要涉及高校能及时有效地了解市场的需求，以防由于不能及时了解市场需求信息而产生人才培养与市场相脱节的现象。国外的学者认为高校毕业生能够为社会注入生机与活力，凭借其自身所具有的优势推动国家快速发展。为此，高校毕业生在提升就业能力与进入劳动力市场时得到了来自媒体与雇主所提供的帮助和支持。

就业质量研究最早起源于西方的工业管理学。在西方早期的管理学发展进程中，人们普遍认为就业机会、收入、工作的稳定性以及发展前景等是衡量人们就业状态的重要指标。到了 1983 年，美国职业培训与开发委员会提出要关注就业对劳动者健康与福祉等方面产生的影响及劳动者对工作的满意度，并首次提出了"工作生活质量"这一概念。为了应对经济全球化对劳动领域带来的巨大挑战，1999 年国际劳工组织在第 87 届国际劳工大会上提交的名为《体面劳动》的报告中首次提出了"体面劳动"的概念。这一概念事实上就是对就业质量状况的反映。2003 年，为了将体面劳动的概念转化为较易理解的工作特征，国际劳工组织专门制定了一套测量体面劳动的指标，便于将来能够更好地推进体面劳动的相关措施。这套测量指标可以分成六个维度、十一个属性以及四十个指标，具体说来，六个维度是工作机会、生产性的工作、在自由的条件下工作、工作平等、工作安全以及工作尊严。20 世纪 90 年代，随着欧洲经济状况的改变，产生了招聘困难的问题，这导致人们愈来愈重视工作质量。欧盟委员会指出，较高的失业率以及招聘困难共存的局面将会在未来一直延续。2000 年以来，欧盟始终致力于提倡与推广"工作质量"的相关概念。工作质量并不是一个单一的衡量指标，而是一个多维度的、相对的概念。它不仅要关注有酬就业的存在，也要关注有酬就业的特点。与"体面劳动"相比，就业质量这一具体概念更注重中性的表达。按照就业水平的高低，可以将就业分为高质量就业与低质量就业两种类型。收入并不是衡量高质量就业的唯一标准。为了更全面地观察社会中浮现的新工作岗位的数量及质量，加拿大帝国商业银行提出了"就业质量指数"的概念。

除此之外，国际学者们纷纷阐述各自的观点，并对就业质量评估标准展开深入探讨。欧洲管理发展基金会主张从职业与就业安全、健康与福利、技术发展、工作与非工作生活的和谐四个维度评估就业质量。部分学者从员工技能、职业安全性、健康和福利、工作与生活的协调性四个方面评估就业质量。此外，还有学者从性别、管理层等角度展开就业质量评估，并搜集全球各国关于就业满意度与就业质量的相关数据，通过实证分析探讨就业满意度是否能预测就业质量。

总体上看，国内外的学者对高校毕业生就业质量的研究取得了丰硕的成果，值得我们学习和借鉴。

第二章 大学生就业的现状

掌握大学生就业的现状，对于大学生就业质量相关问题的研究有着一定的辅助作用，同时，教育教学工作者要想做好大学生就业教育的相关工作，提高大学生就业质量，有必要对大学生的就业现状进行一定的掌握。因此，笔者在研究相关专家和学者既有研究成果的基础上，结合自身多年的实践教育教学经验，就大学生就业现状的相关问题进行了系统的分析，主要包括我国大学生就业的基本情况、影响我国大学生就业的主要问题和缓解大学生就业难的对策三个方面，具体内容如下所述。

第一节 我国大学生就业的基本情况

随着大学毕业生群体的逐渐壮大，大学生"天之骄子"的地位逐渐弱化，近年来，本科学历逐渐普遍化，同时本科学历的毕业生甚至是更高学历的毕业生同样受到就业难等问题的困扰，因此，在大学生数量逐渐增加的今天，大学生的就业问题受到了社会各界的广泛关注。相关专家的研究显示，就目前我国所处的宏观经济环境、政治环境和市场环境来看，随着大学生毕业人数的逐步增加，高校毕业生就业难的趋势将会持续。

中国社会科学院的调查显示，我国高校毕业生就业近年来呈现出几个显著特点：人数增速有所减缓，但就业人数总量仍然持续增加、高位运行，就业压力大；就业水平总体稳定，就业局势基本平稳；就业形式趋于多样化，升学、自由职业的占比均呈现出上升趋势；就业区域结构更加合理，"新一线"城市、二线发达城市吸引力不断增强。

基于此，笔者主要从影响大学生择业的主要因素、大学生的就业情况调查分析、大学毕业生的就业质量、大学生自主创业情况四个基础方面进行了系统的分析和研究，具体内容如下所述。

一、影响大学生择业的主要因素

智联招聘发布的《2023 大学生就业力调研报告》显示，2023 年毕业生选择单位就业比例从 2022 年的 50.4% 上升到 57.6%，慢就业比例也从 2022 年的 15.9% 上升到 18.9%。与此同时，选择自由职业的比例从 2022 年的 18.6% 下降到 13.2%，选择国内继续学习的比例从 2022 年的 9.3% 下降到 4.9%。报告指出，相较个人因素，环境因素是影响毕业生就业去向的主要因素，且影响程度仍在加大。2023 年高校毕业生规模达 1 158 万，比 2022 年增加 82 万人。但据报道，2023 年研究生招生规模预计为 120 万，与 2022 年的 124 万相比并没有增加。因此，能在国内继续学习的毕业生比例下降。加之，2023 年学生求职更加顺畅，所以选择单位就业的比例较 2022 年有所升高。从学历看，在选择单位就业的比例方面，硕博、"双一流"（一流大学、一流学科）院校毕业生分别为 76.5%、67.8%，较总体分别高出 18.9 个、10.2 个百分点。报告指出，高学历及"双一流"院校毕业生对经济形势更敏感，在毕业生人数连年增加、国内外经济进入新时代的背景下，更能体会就业竞争的激烈，对继续深造、自由职业的偏好下降，反而更珍惜当下的就业机会，所以单位就业比例上升明显。针对找工作的毕业生，从偏好企业类型看，国企仍是毕业生的首选，占比为 46.7%，较 2022 年上升 2.3 个百分点，且连续三年呈上升态势。选择民营企业的占比为 12.6%，较 2022 年下降 4.8 个百分点，连续三年呈下降态势。经济恢复期，高校毕业生对经济形势的感知越来越明显，求稳心态有增无减，择业意向的集中度明显趋同，国企仍为首选。从求职毕业生的学历来看，大专、硕博求职毕业生中获得录用通知的比例分别为 54.4%、56.7%，较总体分别高出 4 个、6.3 个百分点；而本科求职毕业生中拿到录用通知的比例为 47.5%，较总体低 2.9 个百分点。报告指出，本科毕业生求职进展不佳，一方面，白领岗位在招聘时更青睐高学历人才，而蓝领岗位则偏好技术型毕业生；另一方面，大多本科毕业生不愿意接受实用技术型岗位，只能与更高学历的毕业生竞争，导致录用通知获得率较低。

而相比私营企业，国有企业和外资企业的突出优势是有更大的晋升空间，也就是说，只要你够努力，就会有足够多的机会和机遇让自己得到发展，让自己成长，获得更多的知识和经验。

而之所以事业单位也能够成为大学生青睐的对象，是因为相比其他工作岗位，事业单位比较稳定，所以，很多高校毕业生比较青睐于事业单位的工作。

二、大学生的就业情况调查分析

对于大学生就业情况的调查分析，主要针对大学生毕业后的去向和大学生毕业半年内的离职率这两方面。相关的调查研究显示，通过比较近几年毕业生的就业比例和继续深造比例可以发现，高校毕业生更多地选择就业或创业，而就目前的情况来看，在经济增速放缓的大背景下，进入劳动力市场的人数在不断地增加，各个行业的竞争压力都在逐渐增大。所以说，劳动力市场在给了大学生更多的就业机会的同时，也给了大学生更多的就业压力，可以说当今时代的高校毕业生处在一个压力和挑战并存的时代。

总之，对现阶段大学生就业情况进行调查分析可以发现，现阶段大学生在就业和择业等方面存在不同程度的问题，而上述问题的存在确实在一定程度上影响了高校大学生的就业和今后的成长。

三、大学毕业生的就业质量

就业质量的定义，目前国内外并没有统一的规定，每个学者从自己的研究角度提出了不同的定义。部分学者认为，从微观与宏观相结合的角度，就业质量是一种综合性的概念，具体反映在劳动者在从事具有劳动意义的相关活动时，因为该活动所能得到的报酬质量。其中，微观因素是指针对劳动者个体来说，劳动者所参加的劳动时长、劳动所获得的薪资、劳动的具体环境质量以及社会保障质量等；而宏观因素则是在社会视角下，全体劳动者参保率的高低、劳动者合同签约率的高低以及劳动者的工资期望等[1]。也有学者认为，就业质量属于或者包含超个人层次的研究，认为它是一个涵盖微观、中观、宏观的多层次概念。

还有学者认为，根据ISO9000的标准，可将就业质量定义为：毕业生即将参加的工作既要满足毕业生的就业意向，也要和毕业生在大学中所接受的专业教育及其毕业院校的教育目标相吻合[2]。更有学者把毕业生的就业层次、毕业生所在院校自身的特性作为就业质量的评价标准。在国外，与就业质量相关的概念最早来自1983年美国"职业培训与开发委员会"提出的"工作生活质量"，企业应当重视就业者的工作岗位与其自身的匹配度，从而更好地改善就业者的工作环境和工作状态。此外，工作生活质量不仅仅关乎就业者自身的特点，也包含了就业环境群体的特征，工作生活质量的评价一方面来自就业者主管的认知，另一方面

---

① 刘素华. 建立我国就业质量量化评价体系的步骤与方法 [J]. 人口与经济，2005（6）：34-38.
② 曾向昌. 构建大学生就业质量系统的探讨 [J]. 广东工业大学学报（社会科学版），2009，9（3）：18-21.

来自工作环境的特征。研究大学毕业生就业质量最主要的问题就是如何去探索并确定合适的毕业生就业质量的度量，部分专家学者根据自己对于就业质量的理解，给出了不同的评价体系。国际劳工组织指出，就业质量的评价因素可分为十一个指标，包括就业机会、无法接受的工作、收入水平、工作时长、稳定程度、公平性、工作环境、社会保障、家庭与工作是否协调、社会与企业的关系、经济发展水平与社会背景等。有的学者根据国际劳工组织的就业质量评价体系，提出了将聘用条件的优劣、工作环境的好坏、劳动关系的状况以及社会保障情况这四个方面作为标准。

有的学者将学生的就业层次高低、高校本身的特性及优良情况、毕业生的主体积极程度作为核心的标准，其中每个大类下又继续细分为几个小类，包括了高校层次、学生就业心态等。还有的学者从人力资本与社会资本的角度，从客观和主观两个方面来构建评价体系，其中人力资本包括了学生的学业水平、主观就业意愿；社会资本则包括了社会的就业环境等因素。但无论是主观因素还是客观因素，薪资福利、工作时长、福利保障、发展空间、工作强度、潜在伤害等要素都不存在先后关系，而是属于并列指标。

基于美国、加拿大、欧盟的相关标准，部分学者构建了就业质量的指标评价体系，归纳为就业者健康程度、就业者发展情况、就业者安全程度、就业者满意程度等四个方面。综合已有就业质量的研究，不难发现，学生自身能力、企业薪资水平、社会工作环境等因素对就业质量均会产生影响。因此，对就业质量变量的建构对于研究影响就业质量的因素有着重要意义。同时，研究影响毕业生就业质量的因素对于毕业生个人、用人单位，乃至于整个社会的就业环境都有积极的指导意义。

四、大学生自主创业情况

掌握现阶段大学生自主创业的情况也是提高大学生就业成功率和就业质量的主要手段之一，而就目前的情况来看，大学生自主创业的情况并不乐观，虽然近年来大学生自主创业的比率在逐渐扩大，但是创业成功率并不高，也就是说很多大学生虽然有创业的热情和创业的积极性，但是一些主客观因素导致了创业的失败。比如，资金受到一定的限制，创业计划不完善，等等。所以说，关注大学生创业的实际情况，尽快地帮助大学生解决创业的难题，给大学生提供更多的优惠政策，为其营造更好的创业和学习环境是相关工作人员努力的方向和目标。同样，也只有为大学生提供更多的优惠条件，给予其更大的帮助，才有助于大学生创业成功。

第二节 影响我国大学生就业的主要问题

通过上述的分析可知，现阶段影响大学生择业的因素是多方面的，而为了有效地解决现阶段大学生创业过程中存在的种种问题，就需要相关的教育教学工作者在掌握了必要的影响因素之后，根据自身多年的实践教育经验和自身所掌握的专业知识和技能不断地提出更多的切实可行的解决措施，以尽可能地降低大学生就业失败的可能性。而就目前的情况来看，影响大学生就业的主要问题是多方面的，笔者主要从国内外经济形势、市场机制、大学生就业能力、大学生就业观念、高校专业设置五个基本的层面进行了系统的分析，主要内容如下。

一、从国内外经济形势层面来看

2023 年以来，在以习近平同志为核心的党中央的坚强领导下，国民经济持续恢复，高质量发展扎实推进，产业升级厚积薄发，粮食能源安全得到有效保障，社会大局保持稳定，为实现全年经济社会发展目标打下了良好基础。

就目前的情况来看，我国的经济增长速度放缓。而新增加的一级劳动力市场的就业岗位又比较有限，就业弹性相对较小，但是与之相反的是高校毕业生的数量正呈现稳步增长的态势，所以说，对于当今时代的大学生来说，就业形势相对比较严峻。

在新常态下，大学生就业难问题的存在也必然会推动更多的大学生走向创业的道路，而大学生走向自主创业的道路的同时，也使得市场经济环境中拥有了更多的就业机会，对之后的高校毕业生来说是十分有益的。所以说，就目前的情况来看，大学毕业生群体逐渐成了创业的主要力量，再加上国家、高校的引导和培养力度的加大，势必会在一定程度上提高大学生自主创业的积极性，这样一来，也有助于大学生创业难等问题得到解决。著名的奥肯定律对于经济发展与就业的关系做出了比较明确的阐述。奥肯定律主张就业率与国民生产总值的增长率之间存在正相关关系，也就是说当一个国家的经济发展到一定水平时，经济增长率的提高会导致失业率的降低，反之，失业率就会有所提高。相关国家的实践经验表明，该定律是十分正确的。对于我国来说，该定律同样适用，当前阶段，我国经济进入新常态的转型期，根据奥肯定律，经济增长率的降低会造成就业率的降低，事实表明，我国经济增速的变慢对于大学生就业的影响早已显现出来。所以说，在当前国内生产总值增速放缓的情况下，如何解决就业问题，也就是如何提高就业率成了当前迫切需要解决的重要问题之一。

二、从市场机制层面来看

市场机制的运行情况同样也是影响大学生就业成功率的重要因素之一。现阶段，随着社会主义市场经济的发展，市场手段在资源配置过程中占据的位置越来越重要。党的十八届三中全会指出，要利用好市场这一手段，确保市场能够在资源配置等各项工作中实现价值最大化。所以，就目前我国所处的市场环境和经济环境来看，随着我国劳动力数量的逐渐增加，就业情况的日趋复杂化，要想确保市场的作用实现价值最大化，就需要不断地规范市场秩序，完善相关的管理体系，使得劳动者的合法权益得到有效的保护，同样也只有这样，才能在确保市场价值实现最大化的基础上提高大学生就业的成功率。

但是就目前的情况来看，随着我国市场化程度的逐渐提高，以及市场主体的日趋多元化，我国就业市场的市场化程度和开放水平也不断提高。然而，就目前的情况来看，我国的劳动力市场机制依旧不够完善。就业者需要面临城乡、地区的就业市场分割以及身份歧视等问题，同时用人单位的用人体制也不够规范和合理，相关的法制体系也不够健全和完善，市场手段在就业市场上无法确保人才应有价值的切实发挥。

现阶段，我国的就业市场中介服务机构已经形成了由政府人事部门管理的人才市场中介服务系统和由劳动保障部门负责的公共职业介绍服务系统，但依旧没有建立起市场调节配置人力资源的健全、统一、规范、灵活的就业服务市场体系。这是服务对象的分割、服务费用不透明等各种原因造成的。在这种不够健全的市场服务体系下，用人单位占据着强势的地位，所以更多的用人单位在选择劳动者时往往都以成本收益理论为根本的出发点和落脚点，同时用人单位为了实现效益的最大化，往往在聘用劳动者的过程中设立了更多的门槛。

部分用人单位过于看重毕业生的学历，也就是说，不论这个学生的能力高与低，只要拥有他们要求的学历都有机会获得面试的机会或者说是就业的机会，相反，一个高校毕业生即便有再高的能力，只要没有他们要求的学历都不可能拥有面试的机会，也就更没有展示自身才华和价值的机会。

还有一些用人单位过于追求经济效益，人才储备意识比较缺乏。也就是说很多用人单位的门槛是有几年的工作经验，一些用人单位不愿意招聘应届毕业生，但是殊不知，如果一个毕业生足够优秀，在实际工作中是比较容易上手的。另外，即便应届毕业生没有丰富的工作经验，但是其接受知识的能力比较强，而且相比于拥有更多工作经验的人来说，对公司的要求比较低，乐于参加培训，这样一来，公司只要适当地对其进行培训，其就能很快上手，这样可以说是为公司的发展储备了重要的人才力量。

所以说，有效地做好市场机制的调节工作，让更多的公司等组织机构拥有一个明确的用人观念和用人体系是十分重要的，这对于学生就业难问题的解决以及企业等组织机构经济效益和社会效益的提高乃至以后的发展进步都有着十分重要的促进作用。

三、从大学生就业能力层面来看

大学生就业能力也是影响大学生就业成功率的重要因素之一。现阶段，我们所说的就业能力主要是指个人具备的获得就业岗位，维持就业，并能够在今后的工作中胜任本职工作的基本能力和素质。相关专家和学者将就业能力分为专业能力、个人品质、自主能力、社会适应能力及人际能力等多个方面。

每个方面的具体内容如下所述：专业能力主要是指大学生的专业水平、大学生的专业与岗位需求的匹配度以及大学生熟练运用专业知识进行实践操作的程度等；个人品质主要是指大学生的思想道德素质、社会责任感、就业心态等；自主能力主要是指大学生的思维能力、创造能力、写作能力以及熟练运用现代化基础性科技手段独立完成工作的基本能力的综合；社会适应能力，则主要是指大学生在心理、生理以及行为方式上对从学校到社会的不同生活内容、不同人际关系、不同交往方式等各个方面的适应能力，以及针对其做出改变的能力；人际能力，主要是指大学生个人的口头表达能力、沟通能力、人际交往能力以及团队合作能力等。

此外，高校与用人单位之间的信息反馈渠道不够通畅，这样就在一定程度上降低了高校人才与用人单位之间的沟通力度，也就是说，更多的高校毕业生在学校期间并不能及时地获得用人单位所需要的知识和技能，用人单位也没有机会去培养和教导大学生。用人单位表示，在招聘大学毕业生时相比于专业知识、社会经历等，他们更加重视高校大学生的综合能力，其次是高校大学生的发展潜力和个人品质，但是在大学生看来，自己的专业知识、社会实践经验等处于重要地位。另外，用人单位比较看重大学生积极向上的就业心态，但是在大学生看来，就业心态无关紧要，重要的是自己的就业能力。所以说，用人单位和高校毕业生在认识上还存在较大的偏差。这也是大学毕业生就业难的又一重要原因。

四、从大学生就业观念层面来看

就目前的情况来看，我国已经进入了大众教育的阶段，高校毕业生数量逐渐增加，但是更多的高校大学生认为自己仍处于"象牙塔"之中，虽然说，相比于其他的工作人员，大学生有自己的优势，但是经常生活在"象牙塔"的学生并没有意识到外面世界存在的风风雨雨，一旦步入社会，必定会产生一定的心理落差。体现在劳动力就业市场中就是更多的大学生自觉地流向工资高、工作条件好、就业稳定的一级劳动力市场，放弃了发展前景较好、能够积累更多经验的二级劳动力市场。

但是不得不承认的事实是，应届毕业生在学校中学习和掌握的大多数是理论知识，实践经验比较少，实操能力也比较差，所以说，一些应届毕业生到一级劳动力市场工作时往往会受到排挤，但是很多大学生又不愿意放低身价，不愿意到基层或边远地区就业，所以，现阶段，大学毕业生逐渐形成了"高不成、低不就"的就业心理趋向，而这在很大程度上影响了大学毕业生的就业。

另外，很多大学毕业生在选择工作时过度地追求专业对口性，这样一来，就给自己设定了很多条件，也就在很大程度上限制了自己的择业领域。而就目前的就业市场来看，更多的单位需要的是复合型人才，即他们不仅需要拥有专业知识的人才，还需要拥有更多实践经验的人才，此外，还需要毕业生有较强的适应能力，能够尽快了解岗位工作的流程，并且能尽快上岗。所以，大学毕业生在找工作时要不断地突破自己，打破专业对自身的限制，勇于面对自己未来的工作岗位，以此来为自己增加更多的就业机会。同时，高等院校也要加强基础性教育，积极引导学生形成"宽口径"就业的就业理念。

一线城市虽然就业机会多，薪资也比较高，但是一线城市的人均消费也比较高，而且就业压力也比较大，再加之一些个人的因素等，综合考虑，有的毕业生其实并不适合在"北上广"这样的一线城市工作。

职业规划是大学生为实现自己的职业目标而制订的计划及行动方案。大学生职业规划的制订，不仅有利于大学生更好地就业，而且有利于帮助学生认识自我、认识社会，树立正确的就业观，同时对大学生的发展进步、自我完善和提高等方面都具有十分重要的作用。所以说，职业规划对于大学生就业理念的形成也有着十分重要的影响，而要想让更多的大学生有更为科学、合理、正确的就业理念就需要做好与职业规划有关的教育和引导工作，确保更多的大学生能够制订出适合自己的职业规划。

五、从高校专业设置层面来看

众所周知，高校是人才培养的摇篮，学生所接受的高等教育在其择业过程中，乃至人生中都起着十分重要的作用。现阶段，随着社会的发展和经济的进步，以及就业机制的不断完善，就业市场变得越来越复杂，但是就目前的情况来看，高校的专业课程设置与实际需要之间存在着相互脱节的现象。

高校在专业设置方面出现了结构性失调的问题，也就是说学校在培养计划的制订中与市场存在脱节的现象，具体来说，就是专业设置未能反映市场的需求，或者说在专业设置上存在滞后性和盲目性。这样一来，就容易导致某专业在招生时是比较热门的专业，在就业时成为比较冷门的专业。另外，一些高校对于专业的划分过于细致，也就是说一些高校在制订人才培养计划时过分注重学生对知识掌握的精度和深度。这样一来，不仅限制了学生课堂学习的范围，而且使得学生的知识面比较狭窄，同时，在教育教学方式的选择上也主要是填鸭式或者灌输式的教育教学方式，在知识的传授上并不能保证其时新性，所以，学生在学知识的过程中就比较被动，学习的积极性并不高，而就其掌握的知识来看，虽然在某一个学科中掌握了比较多的知识，但是这些知识的实用性和适用性并不强。这样一来，不仅影响了大学生应有水平的发挥，而且对于用人单位来说也是一种损失。

第三节 缓解大学生就业难的对策

就目前我国所处的时代背景和国际背景来看，大学生就业问题的解决，不仅涉及大学生个人价值的实现，而且关乎大学生社会价值的体现。同样也只有实现个人价值与社会价值的统一，确保大学生能够投身到满足最广大人民群众利益需求的伟大事业中，才能确保大学生成为一个对社会有用的人。此外，由上述对现阶段大学生就业现状的分析可知，大学生就业难的局面是多方面原因共同作用的结果，所以，为了有效地缓解和解决上述问题就需要社会各个阶层的成员共同努力，从多方面入手，各个击破。下面主要从政府、高校、用人单位、大学生四个层面进行系统的分析和研究。

一、从政府层面来看

政府及相关部门作为就业决策的构建者和实施者在缓解大学生就业难问题上发挥着十分重要的作用。而政府人员要想确保自身的价值最大化，就需要以发展经济、完善保障体系、提升服务水平为根本的出发点和落脚点。也就是说要从全方面、多角度着手，为大学生尽可能地创造一个积极健康的就业氛围，而至于具体的相关政策规范，笔者主要从健全就业市场服务体系、创新驱动发展、加大政府政策引导的力度、鼓励大学生到基层就业、加大对自主创业大学生的扶持力度五个基本的层面进行具体的分析和研究，主要内容如下所述。

（一）健全就业市场服务体系

中华人民共和国成立之初，我国在计划经济体制下实行大学生"统包统分"的就业制度。在当时社会化资源比较匮乏、人才高度缺乏的时代背景下，国家实施计划分配的就业政策确实能够最大限度地发挥人才的作用，确实能够为国家的建设和国家社会事业的发展进步贡献力量。但是这种就业政策对于高校教学质量、办学水平等都具有不利影响。

然而从 20 世纪 80 年代开始，伴随着经济体制改革进程的不断加快，国家在原有就业政策的基础上，出台了"供需见面""双向选择"等一系列改革方案，以尽可能减少"统包分配"就业政策的不利影响。在这些政策规范的实施下，我国逐渐实现了新的转变，即实现了高校与用人单位的顺利对接，也就是说，在当时，对于高校来说，能够通过及时地了解就业市场的需求和动态来调整既有的专业设置和培养方案；而对于用人单位来说，也能够招聘到较为满意的劳动者。可以说，这种就业机制的形成对于就业者和就业单位双方来说都十分有益，有利于实现共赢。可以说，在此就业政策的引导下，大学生能够找到自己满意的工作，不仅能够确保自身所学的知识有用武之地，而且也能够为社会进步贡献力量。所以，随着时代的发展和社会体制的变迁，在此政策引导下，毕业生与用人单位之间逐渐形成了大学毕业生自主选择、用人单位择优录取的"双向选择"的用人制度，这种新的就业政策和方针的探索与应用确实符合当时的时代背景。而且随着市场体制的不断健全和完善，为了确保用人单位能够更快更好地找到更适合本单位的人才，同时为了保证优秀的大学毕业生能够更快地找到自己满意的工作，在市场机制中逐渐引入了竞争机制。

随着我国社会主义市场经济体制的确立，我国就业政策的经济基础发生了一定的变化，其具体内容也发生了相应的变化。相关政策规范显示，除了对部分师范毕业生和某些艰苦、偏远地区的毕业生实施一定范围的定向就业外，大部分毕业生在国家政策的指导下进入就业市场，落实自主就业政策，而这种就业方式也逐渐成为目前大学毕业生最主要的择业方式。在此过程中，政府的角色有了相应的转变，即逐渐由管理型的角色演变成了服务型的角色。

此外，我们需要明确的是我国大学生就业政策的制定是一个不断完善的过程，是一个在实践基础上不断优化和改革创新的过程，其目的是不断地提高政策机制的实用性和适用性，确保其能够为广大的大学生提供支持，同时这个转变的过程也充分地体现了党和政府对大学生就业问题的重视。然而就目前的情况来看，当前大学生就业政策及相关的法规比较重视指导性意见的提出，并不能从根本上解决我国高校教育体制改革的滞后性问题。

所以说，一方面，政府需要根据经济社会发展的实际情况，及时制定相关的就业市场政策，不断完善我国的就业市场，在为大学毕业生就业问题的解决提供更多的相关制度和法规的同时，确保大学生的合法权益得到有效的保护。另一方面，政府相关部门要找准自己的定位，充分地发挥自身调节人才资源的作用，并建立以高效为基础、全面开放统一的就业市场，尽可能地消除地方保护主义和行业垄断主义以及户籍、性别限制等不平等现象，为就业生提供一个自由流动、自主就业、平等就业的平台。与此同时，还需要做好就业市场的公共服务体系建设工作，可以通过人事部门、劳动保障部门、高校以及用人单位之间的合作等方式方法不断地优化既有的就业市场公共服务体系，以确保实际运行的就业市场公共服务体系能够切实地为大学生就业工作的开展贡献力量。

（二）创新驱动发展

为了有效地提高就业率，我们需要做好生产规模的扩大工作，可以通过当今时代飞速发展的经济，为更多的人提供就业岗位。

就目前的情况来看，我国经济已经进入了发展的新常态，经济结构不断优化升级。而当今时代，以服务为首的第三产业已经成为我国的重要产业，在很大程度上带动了经济的发展和进步，同时也给更多的人提供了就业岗位和就业机会。可以说，经济结构的转型，在为更多的高校毕业生提供了更多就业岗位的同时，也在一定程度上促进了我国经济的发展。

另外，在经济发展的新常态下，经济发展的驱动力也逐渐由要素动力、投资动力转向了创新动力。所以，在当今时代，为了促进我国实现更好更快的发展，就需要不断地培养创新型人才，以促进我国经济的发展。

（三）加大政府政策引导的力度

政府作为一只"有形的手"，不仅对于社会的发展和进步起着根本的保障性作用，同时对于国家的经济建设、国家的事务管理等活动也有着巨大的导向作用。

所以，为了有效地缓解和解决大学生就业难的问题，为大学生提供更好的就业环境，政府部门需要充分地发挥自己的导向作用，不断改善和完善相关的就业体系和就业政策，以确保其能够适应现代不断发展的社会需求。而就目前的情况来看，为了确保政府的导向作用能够得到充分的发挥，政府及相关工作人员需要从以下几方面着手。

1. 不断改善既有的教育体制

早在苏联时期，列宁就主张教育体制改革，通过积极地创办各类学校，为更多的青年提供学习实践的平台。处在经济高速发展的今天，经济的发展离不开科学技术的支持，而科学技术的发展又离不开创新型人才，创新型人才的培养又离不开教育体制的不断完善和优化，所以说，处在当今时代，不断地完善既有的教育机制尤为重要。第一，积极加强教育体制的改革，不断地完善人才培养机制，而这对于提高大学生的综合能力、解决大学毕业生的就业问题、提高人才培养的质量等都有着十分重要的促进作用。第二，我们要不断地加大对大学生人才培养机制的完善力度，要以学生为本，合理配置教育资源，及时地更新教学内容，不断地增强学生的实践能力、创新能力、人际交往能力、沟通能力、团队合作能力等。第三，要做好学生意识的培养工作，确保更多的大学生能够有自我择业的精神。第四，要创新既有的教育教学方式，让更多的学生能够从被动接受知识的状态转变成主动学习知识的状态，同时，还要不断地创新和完善既有的考核模式，改变单一的考试考核标准。第五，要不断地完善既有的人才评价体系，改变以往只以"成绩"论英雄的人才培养体系，转而培养出更多的"德、智、体、美、劳"全面发展的高素质复合型人才。第六，要不断地创新高校办学模式，扩大高校的办学自主权，使更多的高校能够在专业设置、课程体系和教学内容等方面突出自己的特色，这样一来，在确保更多的特色型学校成立的同时，也能够使就业市场中拥有更多的特色型人才，这对于学生自我价值的实现和社会经济的发展都有着十分重要的促进作用。但是，在改革既有的教育机制的过程中要以社会主义核心价值观为根本的出发点和落脚点，要在改革的过程中充分借鉴国外的先进经验，同时也要确保其能够符合我国的特色和国情，更主要的是确保其能够符合我国学生的发展需求。

2. 完善社会保障体系

社会保障体系的完善也是加大政府政策引导力度的重要内容之一，可以说，只有社会保障体系完善了，政府及相关部门才能得到更多群众的支持和拥护，才能维护政府权威，进而才能够为政府引导工作的开展奠定基础，贡献力量。

通过对大学毕业生毕业后的流向进行调查可以发现，更多的大学生之所以会选择"北上广"等经济发展水平较高的一线城市，不仅仅是由于这些城市的薪资比较高，晋升空间比较大，有更多的就业机会，更主要的是这些城市的基础设施相比于其他城市更加完善，社会保障体系也比较健全。相对来说，"北上广"这些城市对大学生更具吸引力，所以说为了吸引更多的人才，就需要不断地完善相关的保障体系。

而保障体系的完善需要政府及相关部门从多方面着手，即保障体系需要涵盖失业保险、医疗保险、养老保险、工伤保险和生育保险以及住房公积金等各项内容，并确保这些内容在劳动者就业的过程中能够落到实处。此外，国家要适当地加大对落后地区的扶持力度，通过国家政策的适度倾斜等方式方法来辅助经济相对落后的地区建立起吸引和储备人才的长效机制，这样一来，不仅能够提高大学生的就业率，也能在一定程度上促进落后地区经济的发展。社会保障体系的完善还需要政府相关部门准确地公开就业信息，举办更多的就业培训与指导课程，让更多的大学生能够从中受益。

3. 推动企业践行社会责任制

众所周知，只有学生在掌握了相关理论知识的同时，拥有更多的社会实践经验，才能更好地适应现代社会，也才能找到更好的工作，获得更多的经济收入以及更大的晋升空间。但是就目前的情况来看，我国大学生普遍存在的问题是实践能力比较差，而造成学生实践能力比较差的原因是多方面的，如高校教育经费不足、师资力量不够雄厚、基础设施等资源不够全面等，而这些因素的存在都在很大程度上影响了大学生实践活动的开展，再加之学生的一些主观因素，导致其很难拥有更多的实践经验。所以，为了培养更多的拥有较多实践经验的人才，社会各级组织，尤其是企业需要参与到人才培养的过程中来，但是企业在履行人才培养职责的同时，也会在一定程度上影响自身利益的实现。

因此，政府作为各个阶层的带头人，一定要积极地出台相关的优惠政策，带头"买单"，鼓励企业积极践行社会责任，为更多的大学生提供就业机会。所以，政府及相关部门需要从以下两个基本的方面着手，一方面是制定并落实相应的税收优惠政策，给予企业一些财政补贴，减免一定的费用，譬如，政府可以承担部分或者全部的大学生到企业实习时企业支出的相关费用；另一方面是建立相关的实习保障体制，完善相应的法律规章，以使更多大学生的合法权益得到有效的保障。现阶段，世界很多发达国家的政府都积极鼓励企业履行社会责任，由政府出资鼓励企业为更多的大学生提供实习岗位，吸纳大学生实习，而事实证明这种方法的落实确实能够使大学生积攒更多的岗位实践经验和社会实践经验，对于大学生今后的就业和生活都有着十分重要的意义。另外，国外相关政府的实践经验表明，政府出力为大学生提供实习机会，确实有利于大学生就业能力的培养和提高，同时对于企业来说也是十分有益的，可以说，企业在履行责任的同时获得优秀劳动者的概率也提高了，有利于企业竞争力的提高，对于企业今后的发展和经济效益的获得也十分有益。

4. 完善与就业相关的法律保障

法律保障体系的完善是确保大学生拥有更多就业机会的重要途径之一。就目前的情况来看，我国的就业环境中仍存在着同工不同酬、就业歧视以及劳动者权益受到侵犯等各式各样的问题。所以为了有效地缓解和规避上述问题，我国相关政府部门就需要不断地健全和完善相关的制度规范，包括《中华人民共和国就业促进法》《中华人民共和国劳动合同法》等相关法律法规，并确保其能够切实应用到大学生的就业过程中去，真正地做到有法可依、有法必依、违法必究。同时，为了确保这些法律能够实现价值最大化，还需要随着社会的发展，不断地加以完善和优化，以不断地提高其实用性和适用性。

（四）鼓励大学生到基层就业

基层是高校毕业生建功立业的舞台，也是吸纳高校毕业生就业的广阔空间。习近平总书记高度重视鼓励引导毕业生赴基层干事创业，在给中国石油大学（北京）克拉玛依校区毕业生等的回信中，多次勉励毕业生把个人的理想追求融入党和国家的建设事业之中，到国家需要的地方建功立业。

大学生到基层就业不仅可以使得自身的意志得到有效的磨炼，确保自身才干得到充分发挥，同时也能够真正地了解基层百姓的心声。而相比其他的劳动者，大学生是当代青年中的高素质文化群体，是有知识、有能力、年轻、有干劲的新一代，他们希望能够有一片天地让自己大干一场，使得自身的价值得到充分的体现。而基层就是一片很好的天地，适合充满激情和斗志的大学生展示自己的才能。

而为了确保更多的高校毕业生愿意到基层锻炼，政府不仅要完善相关的保障体系，还要出台相应的优惠政策，对大学生的经济、生活等方面给予一定的支持。此外，在做好"大学生基层就业"宣传引导工作的同时，还要充分地结合实际情况制定出合理的人才晋升机制和人才评价体系，这样一来，不仅能够使到基层工作的大学生看清未来的发展趋势和竞争空间，还能够让更多的大学生明确自己需要努力的方向。

（五）加大对自主创业大学生的扶持力度

加大对自主创业大学生的扶持力度，是有效地缓解和解决大学生就业难等问题的重要举措之一。大学生自主创业不仅能够使自身的能力得到锻炼，才华得到施展，抱负得到实现，而且能够拉动就业，增加就业岗位。然而当前阶段，大学生在校期间比较注重理论知识的学习，创新能力没有得到有效的锻炼，再加上缺少创业资金等，大学生在创业的过程中困难重重，成功率并不高。所以，为了有效地提高大学生创业的成功率，就需要政府等相关部门加大对创业大学生的扶持力度，而创业扶持力度的加大，需要从以下三个基本方面着手。

第一，政府做好大学生创业的引导和鼓励工作。而引导和鼓励工作的开展需要政府及相关工作人员从以下两个基本的方面着手。一是要引导大学生培养创业意识。创业意识的增强不仅有助于提高大学生自身的能力，而且还有助于增加大学生的实践经验。二是要为大学生营造良好的创业氛围。通过典型和榜样事迹的宣传等，不仅能够有效地激发大学生创业的热情，同时也能在一定程度上提高大学生创业成功的可能性。

第二，政府要组织相关部门成立创业服务中心等服务机构，使得更多的大学生能够获得更为专业的指导和引导。而这些服务机构在做好培训和引导工作的同时也要为大学生提供相应的创业保障，为大学生创业成功可能性的提高奠定更为坚实的基础。

第三，为了有效地提高大学生创业的成功率，政府部门还需要做到的一项重要工作就是适当地增加财政投入，并不断地出台切实可行的优惠政策，同时也需要确保这些政策落到实处。可以说，就目前的情况来看，影响大学生创业的主要因素之一就是资金，大学生在创业的过程中最紧缺的就是资金，所以政府等相关部门适当地增加财政投入是对大学生创业的最有力的支持。同时，政府还要出台相关的优惠政策，使得大学生的创业压力得到有效的缓解。此外，政府还可以通过降低创业的登记门槛等方法来使得更多的高校大学生拥有创业的机会，在创业浪潮中一显身手。与此同时，知识产权部门还需要加大对大学生创业项目的知识产权保护力度。

二、从高校层面来看

改革开放以来，我国的经济得到了迅速的发展，可以说，高校连年扩招为我国的现代化建设输送了大量的人才，这是非常值得肯定的。但是就目前的情况来看，高校在专业设置、办学模式等方面的改革进度并没有赶上我国的经济发展速度，为了有效地缓解和解决上述问题，就需要高校相关工作人员做出一定的努力。基于此，笔者结合自身多年的实践教育教学经验和自身所掌握的专业知识与技能，提出了几点建议和措施，具体内容如下。

（一）不断地更新既有的教育理念

以"厚基础、宽口径、强能力、高素质"为根本的培养目标来开展高校的教育工作。目前，在高校的课程体系中，教育部明确规定了政治思想类、语言工具类、体育类和计算机类为四大必修课程，而与就业创业、就业指导等相关的课程，高校主要是以选修课的形式来进行。在学习压力逐渐增加的今天，学生对于选修课的重视程度不断降低，部分高校的就业指导和创业教育课程并未得到应有的重视。所以，高校领导人要带头做好理念的更新工作，改变传统的教育教学模式，并将实用性和适用性比较强的大学生创业和就业的相关方法融入现阶段的大学生就业创业教育工作中去，同时，高校领导人在此过程中要做好引导和指导的工作，使得更多的教育工作者意识到改变既有教学理念的重要性，并加入改革教育理念的行列中来。

（二）改善既有的人才培养方案

为了使得大学生的就业率得到有效的提高，高校在改变教育理念的同时也需要不断地优化和完善自身的培养方案。

一是高校的领导层要提高对人才培养方案制定工作的重视程度，在实际构建和落实人才培养方案的过程中，要以高校的实际发展情况和战略目标为根本的出发点和落脚点，以确保人才培养方案能够与高校的发展和战略目标的实现相互统一和协调。二是要不断地完善和优化既有的人才培养方案，确保人才培养方案能够切实地为人才的培养贡献力量。所以，在完善和优化人才培养方案的过程中要以社会主义核心价值体系为根本的出发点和落脚点。人才培养方案的制定需要与现代化的市场经济环境相统一和协调。三是在制定人才培养方案的过程中要不断地更新，即要随着社会的发展和经济的进步，不断地改革既有的内容，细化相关的准则和标准，以确保人才培养方案能够落到实处。四是要注意对高校大学生思想的激发和培养。就目前的情况来看，高校大学生大多是 20 岁左右的青年，他们在生理和心理上已基本成熟，已经具备了从事复杂的高度抽象的思维活动的能力。而且随着年龄的增长和知识的积累，大学生的个体思维模式已经基本成型，大学生通过专业知识的学习和社会实践经验的增加，不仅在很大程度上提高了自己的抽象思维能力，同时也在一定程度上提高了抽象思维的应用能力。所以说，从这一特征出发，高校应该注意培养学生的抽象思维能力，确保大学生能够更快更好地找到适合自己的工作，降低大学生的失业率。而这就要求高校应该选择引导式教学、启发式教学和案例式教学等教育方式，改变传统的满堂灌的教学方式。

（三）加大对学生实践能力的培养力度

早在中华人民共和国成立初期，政府就主张青年大学生的教育要与生产实践相结合。高校应推进实践教学基地建设，加大高校与用人单位之间的合作力度。一方面，给学生提供实践锻炼的机会，使得大学生的实际操作能力得到有效的锻炼和提升；另一方面，要加大学校和企业之间的互动力度，建立有效的人才培养合作机制，使得更多的大学生有更多的机会参与到社会实践中去，为大学生的成功就业和创业奠定坚实的基础。

三、从用人单位层面来看

大学生的就业单位就是用人单位，因此要解决大学生的就业问题，就要完善企业用人体系，让大学生顺利就业，让企业得到人才，实现两者的共赢。

（一）企业要合理储备、选用人才

大学生追求的是就业，而企业从根本上来说追求的是利益。利益的实现离不开人才。因此企业对于人才的储备、选用不得不重视。

第一，立足长远发展目标，合理配置人才资源。一句话就是让大学生一展所长或者说让他们发挥自己的优势。企业不应该滥选人才，而应该根据自己的实际情况，立足长远发展目标，合理配置人力资源。普通本科毕业的大学生已经有了一定的专业知识和学习能力，只要对其进行一定的培训，其就能够很快进入岗位角色，可塑性比较强。

第二，合理设置求职门槛。用人单位应该根据自身岗位需求，设置合理的岗位门槛。大学生并非学历越高能力就越强。本科、硕士、博士只不过是学习的重点不同罢了。

当前社会上大多数职位可由一般本科毕业的大学生担任，因为他们的知识更具有通识性，更能适应社会的需求。而少数研究型和高级管理型岗位可以将门槛设置得高一些，为那些硕士、博士毕业生准备着。

这样才既能充分发挥人才的优势，又能降低企业的用人成本，实现用人单位、高校和大学毕业生三者的"共赢"。

（二）加强校企合作，联合培养人才

校企合作的人才培养模式，让人才培养更有实用性、针对性，能够保证学生学有所用，顺利实现就业。

当前的普通高校采用的仍是传统的教育模式，通过课堂向学生传授理论知识，重理论、轻实践，教学内容更新速度慢。这样就使得培养出来的人才不能满足社会的需求，增加了用人单位人才培养的成本。

当前民办职业类院校采用校企联合的方式，直接向企业输送人才。它们更加注重学生实践能力的培养，对人才进行技能性教育，有效地解决了毕业生的就业问题。

校企联合培养人才的模式整合了高校与企业的资源，既让学校培养出了社会需要的合格人才，又让用人单位招聘到了合适的、满意的人才，不需要再花太多的企业人才培养成本，同时大学生也有了把理论付诸实践的平台和机会。

当前我国校企合作主要有四种模式。一是学校引进企业模式，也就是企业直接在学校设立生产线，学生在学校就能完成实践操作，真正实现了理论和实践的结合，实现了企业和学校之间的真正的资源共享。二是工学交替模式，即学生在学校学习理论和在企业进行实践操作交替进行。大学生在学习理论知识之余到企业进行实践操作，在实践操作之余到学校学习理论。三是校企互动式模式，即企业和高校双方实现师资互聘，企业参与学校教学计划的制定，并派相关人员到学校教学，同时高校的老师也走进企业，为企业员工传授理论知识。四是订单式合作模式，即学生的培养计划和教学内容主要由企业制定，并服务于企业的生产需要，实现招生与招工、教学与生产以及实习与就业的同步连体。

四、从大学生层面来看

马克思主义哲学论述了事物发展变化的内外因关系，指出内因是事物发展的决定性力量，外因则是通过内因起作用，并为内因的发展变化提供条件的。在大学生的就业问题上，其自身的综合素质与能力在整个就业过程中起着至关重要的作用，是内因；而政府、用人单位等则是根据大学生的自身条件来提供对应的就业环境与机会，是外因。因此，想要破解大学生就业难这一困境，我们必须努力提高大学毕业生的综合素质和能力，从而从根本上解决大学生就业难的问题。

（一）掌握理论知识，锤炼基本功

教育是科学技术转化为生产力的桥梁，因此，要完成从科学技术到生产力的转变，需要通过教育这座桥梁来培养大批掌握科学技术的专业性和实用性人才。当前，我国大学生就业难最主要的原因是高校毕业生不能满足经济社会发展的需要，不符合用人单位的用人要求。而要提升大学生的综合能力，扎实的理论知识是不可或缺的。因此，大学生在校期间应该首先以学习为最重要的本职工作，注重专业知识和技能的掌握，并努力将其运用到实践中去，从而为自己接下来的发展提供坚实的后盾。在此基础上，还应该树立终身学习的观念，不断学习科学文化知识，避免一劳永逸，要不断充电，不断完善自身的知识结构、理论框架，增强自身的综合能力，拓展自身发展区域，从而在各个阶段满足社会对于劳动者的不同知识、能力上的需求。

（二）适时"剑走偏锋"，不跟风，不扎堆

当前，高等教育已由精英化教育逐渐转向大众化教育，大学毕业生的传统优势已逐渐被历史的巨轮所碾压。然而，有相当比例的大学毕业生，其就业心态、就业观念及就业期望等还依然停留在精英化教育阶段，自觉"高人一等"，这就造成了一些大学毕业生宁愿在一级劳动市场苦苦寻觅、静静等待就业岗位，也坚决不去二级劳动市场应聘需求紧俏的职位，把握适合自己的机会，一展身手。这种高傲的姿态在很大程度上也阻碍了大学生的就业。而大学生的这种择业观也在一定程度上造成了就业环境的"两极分化"。

其实，青年人在选择职业时要兼顾个人和人民大众的共同利益，要到人民群众最需要的岗位上去奉献自己的有生力量。在校期间，大学生要有针对性地发展自己，积极做好就业准备，明晰自身专业和职业选择之间的关系，树立正确的职业期望。只有认清了自己的发展方向，合理定位了自己的能力及将要发挥的社会价值，才会有更加明确的发展目标和前进的动力。

然而，现实中，部分大学生并没有从自身能力出发，在职业选择中盲目"跟风""扎堆"。有相当数量的毕业生在毕业之后会选择去"北上广"等一线城市和东部经济较为发达的二、三线城市，成为名副其实的"奋斗青年"。而相比之下，只有不到4%的毕业生会选择投身基层，选择到西部、农村等经济较为落后的地区贡献力量。这样的择业观，势必会造成经济发达城市人才超负荷和经济落后地区人才匮乏的极端态势。这不仅不利于大学生的自身发展，导致原本就严峻的大学生就业形势更加"白热化"，对于整个社会经济的平稳发展也是一大考验。

因此，大学生要学会适当调整自己的择业理想，改变就业策略，到人民、到社会最需要的地方去，从而实现自身价值。

事实上，相比于"人满为患"的国家企事业单位来说，民营小企业往往能提供更多的就业岗位和就业机会。在自身发展上，民营企业同样拥有广阔的平台。因此，毕业生应该冷静分析，认清局势，理性择业。面对激烈的就业竞争，首先要敢于竞争，并积极应对；其次要树立灵活就业的就业观，不能在"一棵树上吊死"，要学会在不断的摸索前进中寻找到适合自己的位置，而不是固执地追求工作上的一步到位。此外，大学生要树立自主创业的意识，积极了解国家对于大学生自主创业的扶持政策，开动脑筋，发挥自己的创新创造能力，积极开展自主创业。这样在施展才华、实现抱负的同时，也可以带动其他的大学毕业生就业。

（三）定向发展，满足社会生产需要

科学技术是第一生产力，只有将理论应用到实践中才能发挥作用。因此，努力培养大批具有真才实学的现代化实用型人才，顺利适应社会发展的需要，是更好地将科学技术转化为生产力的重要基础。

现状是，高校毕业生大多实践能力不强。然而用人单位在选拔人才时，学生的专业成绩只是其考核的一部分，重点考虑学生的实践操作能力、人际交往能力、解决问题的能力以及团队合作能力等。因此，大学生有针对性地进行知识储备，积极参加校园活动、社会实践，努力提高发现问题、解决问题的能力是十分必要的。另外，事实证明，大学期间注重参与社团活动，担任班干部，会让自己有更多的机会接触老师和同学，接触更多的工作事务，无形中会让自己的协调能力、人际交往能力等得到提升，毕业后，就更容易在瞬息万变的社会环境中立足。此外，大学生还应该遵守职业道德、伦理公德、家庭美德，守法律、讲诚信，具备高度的社会责任感和使命感，吃苦耐劳，积极向上；要努力使自己成为"T"型人才，即以专业知识为基础，努力向各个方向延伸，从而成为"博而专"的高素质复合型人才。

相比于小学、中学时代，大学时代的学业负担相对较少，自己可以自由利用的时间也比较充裕。但部分大学生只简单地将自己的上课时间视为应该珍惜的时间，殊不知自己可以自由安排的时间才最宝贵。如何利用看似漫长而充裕的课余时间不仅对大学生活的质量有着不可忽视的影响，对于以后的择业与就业也有着不可小觑的重要作用。大学期间培养的兴趣与特长可能会为大学毕业生锦上添花，使自己在众多的竞争者中脱颖而出。故而业余时间怎么用，对于大学生来说是一

件应该慎重考虑的事情。而将业余时间进行合理规划，不断提升自己的专业技能，提升自己的劳动能力，提高自己的职业竞争力无疑是第一选择。实践是检验真理的唯一标准，因此，大学生还应该将理论知识运用到实践中，并在实践中进行检验。实践不仅能让大学生快速将所学知识加以运用，更重要的是，通过实践锻炼，大学生还能够更加准确地认识自己，准确定位自己，厘清自己和社会需要之间的差别，清楚自己的不足，从而客观地定位自己、评价自己，进而制定比较切合实际的目标和规划。只有明确了自身的短处，才能有针对性地提升，从而更好地适应社会的需要。

第三章　大学生就业价值取向引导

大学生具有非常鲜明的时代特征，他们逐渐成为就业创业的主力军。目前，大学生正在面对前所未有的就业压力与就业挑战。本章为大学生就业价值取向引导，主要内容包括大学生就业价值取向的理论前提、大学生就业价值取向的生成机理、大学生就业价值取向的总体态势与现实矛盾。

第一节　大学生就业价值取向的理论前提

就业价值观是价值观的重要组成部分，就业价值观和个体的其他价值观共同组成了人生价值观。

一、大学生就业价值取向的基本概念

对大学生就业价值取向概念的澄清应从两方面着手。一是从书本出发，通过对就业价值取向的上下位概念的分析比较，弄懂就业价值取向相关概念之间的交叉重合部分，从而深化对就业价值取向的理解。二是立足现实，结合新时代大学生身心发展的特点，探讨大学生就业价值取向的特殊属性，从而使大学生的就业观念更加具体。

价值取向是指主体基于价值观在面对或处理现实中的冲突矛盾或是复杂关系时所持有的价值立场和行为倾向。与价值观不同的是，价值取向更具实践品格。如果说价值观是通过前期的经验累积所逐步形成的，是深植于个体思维逻辑之中的，那么价值取向就是个体将这种思维逻辑或是评判标准放诸日常生活和社会实践中的方式方法，它决定并支配着个体的价值选择。与此同时，价值取向也更具个体特征。由于个体成长环境存在差异，加上个体认识世界和改造世界的实践活动不断丰富，一旦原本对于特定事物的特定需要得到满足，个体的奋斗目标和看待事物的态度就会发生转变。个体借助实践来不断思索特定需要和利益排序，并

在与他人的日常交往活动中，依照个人需要反复强化个体认为正确的价值观念，再对原有价值观念进行抽象加工，由此形成新的价值观，催生新的价值取向。在这个意义上，我们将就业价值取向定义为主体在进行就业价值选择和择业决策时体现出的一定的倾向性，它能直观反映主体对各类职业的基本认知、价值偏好和评价标准。

新时代大学生生于物质条件相对优渥的环境中，成长于互联网快速发展的时代，且自身的身心还不成熟，这些独特的现实情况决定了大学生在价值认知和价值选择过程中的特殊性，也决定了大学生就业价值取向与一般就业价值取向存在不同。具体来看，大学生就业价值取向蕴含着三重特征。

首先，大学生就业价值取向具有明确的倾向性。它鲜明地表征着大学生的就业旨趣、就业偏好。当大学生面对纷繁复杂的就业形势时，其内在尺度会为其量身定制就业价值取向，从而提供行为目标，为大学生的行为选择提供方向和依据。其次，大学生就业价值取向具有较强的主体性。它从根本上反映并强化大学生个人的需要和利益，表现为大学生个人的就业价值目标和就业价值追求，以及大学生个人为满足一定的需要和实现一定的价值目标所产生的期望。大学生自主意识较强，在应对复杂的就业情况时，往往会激发其潜在动能，强化其需要意识，扩展并深化大学生的就业价值取向。最后，大学生就业价值取向具有高度的可塑性。大学生处于价值观形成与确立的关键时期，极易受到纷繁多变的社会现象的影响，加之大学生的生活阅历较浅，其就业价值取向有很大的引导和塑造空间。

二、大学生就业价值取向的构成要素

揭示大学生就业价值取向的构成要素是深入认识大学生就业价值取向的必要环节。马克思主义认为，就其内容来说，价值观主要包含三个方面：价值原则、价值规范和价值理想。我们可以将马克思的《青年在选择职业时的考虑》与《德意志意识形态》《共产党宣言》《资本论》等著作中有关就业价值观的论述联系起来，以此展开理论溯源，剖析构成要素，将大学生就业价值取向分为大学生就业价值原则、大学生就业价值规范和大学生就业价值理想三个方面。

（一）大学生就业价值原则

大学生就业价值原则为大学生追寻人生意义、达成自我实现提供了根本行为准则，然而，任何一个健康有序的社会，其核心价值体系必须符合经济政治制度，广泛凝聚社会共识。就业价值原则的确立有助于细化职业分工，明确责任义务，规范和引导社会价值需求和价值追求，促进社会进步。

人的自由全面发展，是自我价值实现的最终理想状态。具体来看，其全面发展的前提就是有生命的个体的存在，个体只有获得物质上的强力保障和精神上的滋润充盈，才能支撑真正意义上的生存、发展，成为价值的输出者和社会的改造者。

（二）大学生就业价值规范

大学生就业价值规范是大学生就业价值取向的调节器，它是指价值认同、价值选择、价值评价和价值践履等方面的规范，既是大学生就业思想和行动的根据，也是大学生就业思想和行动的限度，有助于深化价值认同。

大学生的就业价值规范往往因人而异、因时而异、因事而异，具有较强的主观性。它一般是大学生在日常生活体验中感悟到的或是在日常生活交往中获取的，是根植于大学生的日常生活之中的。通过长期的经验累积与常识判断，大学生个人会潜移默化地形成内在思维逻辑和道德行为箴言，自行应用于日常生活的各个领域。

（三）大学生就业价值理想

大学生就业价值理想是大学生就业价值取向的导航仪，它是指大学生在成长成才过程中对未来想要从事职业的基本定位。只有树立崇高的就业价值理想，才能有效激发价值取向的激励作用和凝聚功能，以拥有披荆斩棘的勇气和源源不断的动力，从而实现个人价值与社会价值相统一。

个人要通过职业这个载体达成人生目标，实现人生理想。它就像通往成功的道路一样，是多种多样的。不论哪种职业，只要能顺应共同目标的方向，助力共同目标的实现，都是正确的道路选择。人与动物的区别就在于这个共同目标的确立和实现，"神也给人指定了共同的目标——使人类和他自己趋于高尚，但是，神要人自己去寻找可以达到这个目标的手段"。我们应通过何种途径去寻找？马克思指出可以通过倾听"符合内心深处的声音"和"深信其正确"来确立就业价值理想，于他个人而言，解放全人类及实现人的自由全面发展便是其内心深处的声音。于是他用一生去践行，打破了阶级立场，剖析了社会成因，践行了价值追求。

第二节　大学生就业价值取向的生成机理

就业价值观的形成不是一蹴而就的，人们的意识随着人们的生活条件、社会关系的改变而改变，也就是说，就业价值取向既是社会的、历史的范畴，也是个体需要与职业属性之间的本质联系。故对大学生就业价值取向进行教育引导，就要认真剖析大学生就业价值取向的生成机理和影响因素，围绕着关键环节开展教育活动，有目的有计划地将大学生的就业价值取向与社会核心价值体系相契合，使其将社会主流价值观真正地内化于心、外化于行。

一、大学生就业价值取向生成的内部影响因素

马克思主义强调人的能动性，认为"环境正是由人来改变的，而教育者本人一定是受教育的"。也就是说，人和环境是相互创造的，并且在一定条件下具有主观能动性。主体是由生理因素、心理因素和社会因素所构成的，是生理自我、心理自我和社会自我的统一，三者协同形成了人的本质力量，显现了人的不同主体性。而价值是人创造的，也是为人服务的。只有彰显人的主体性，满足人的现实需要，客体的存在才会有价值。从这个层面上来讲，分析大学生就业价值取向生成的内部影响因素，就要以大学生个体为出发点。

（一）对自身客观条件的认识

基本的生理要素主要指个体的身高、体重、性别、年龄、外貌、健康状况等，但就大学生在就业过程中对自身客观条件的认识而言，除了以上的各要素外，大学生的能力水平，特别是就业能力，更应看重，即大学生一方面要对自己的生理特征有着基本的认识和把握，另一方面要对自己的就业竞争力有着客观的认知，在择业过程中做到取长补短、因技寻职，缩小社会市场需求与学生实际能力供给之间的差距，形成相对现实的就业价值取向。大学生尚未进入职业领域，其思考一份工作需要何种能力、何种条件的前提是结合个人情况和个人经历，如结合实习经历等因素。展开来看，大学生对自身客观条件的认识主要具有三方面的特性。其一是专业性，大学生是受过高等教育的专门性人才，与普通劳动者不同，他们有着系统化的知识理论与专门化的技能，可以通过日常的学习反思以及成绩考核，对自我专业能力水平形成清晰的认识。其二是社会性，主要指专业性知识的迁移，

即举一反三的思维能力。大学生会通过社会交往活动和个体生活经验，对自己合乎社会化的人格品质，比如精神修养、行为举止、处事能力进行综合研判。其三是团队性，大学生通过日常的人际往来与小组合作，省察自己在团队合作、人际交往、语言沟通方面的不足。这三方面特性贯穿于大学生的实践活动之中，帮助大学生生成对自身客观条件的深刻认知。

（二）对自身职业需要的认识

大学生对一份职业的价值衡量和判断很大程度上取决于这份职业能否满足大学生的自我需要，故大学生对自身职业需要的认识决定了大学生的职业期望，影响着大学生的职业方向和职业选择，是就业价值取向形成的重要因素。具体来看，其对自身职业需要的认识又可进一步划分为物质需要和精神需要两个层面。其中物质需要更多指向薪酬工资、工作环境、福利待遇和个人保障等，旨在维持大学生自身的基本生存。而精神需要更强调这份工作所带来的自我满足感，大学生更愿以兴趣特长为主要考量因素，看重自我成长空间和社会价值实现，即要找到使之备受鼓舞的来源本身，这来源既来自全人类的共同福祉，又来自个体本身的兴趣爱好。霍兰德认为人的人格类型、兴趣爱好与从事的职业密切相关，其中兴趣更是作为人们持续工作的发电机，促使人们积极地、愉快地从事该职业。对于大学生而言，当其迈出校门走向社会时，就要通过劳动来创造价值，满足需求，此时的就业既是目的也是手段。又由于每个人的成长环境、生活状态、兴趣爱好以及性格气质各不相同，其职业兴趣多种多样，大学生只有立足于自身，真正体察内心，知道什么是自己真正想要得到的，什么是真正意义上能使自己快乐的，才能明确择业方向，形成合理的就业期待和积极的就业心态。

（三）对自身社会关系的认识

对自身社会关系的认识是个体社会化的一个重要体现，是个体在思考自身现实需求和自身能力水平的基础上，对自我与社会关系的深刻剖析。个体在成长或是就业过程中逐渐意识到自己是社会的一分子，兼具个体和社会成员两种身份属性，在享受个人权益的同时也应尽到社会责任。于是个体便能根据社会期待调整自我行为，树立正向的就业价值取向。对自身与社会关系的考察是必要的，若只是单单满足个人利益，往往会丧失奋斗激情，产生厌倦情绪。只有将其放诸时代潮流，放诸社会洪流中，才能有不懈努力的长远目标，获得持久且深沉的力量源泉，体悟这份岗位所带来的真真切切的满足感、幸福感。对于大学生来说，要加强对自身社会关系的认识，提高服务社会的责任意识。一方面要与时俱进地学习、了解国家最新就业政策和法规，理性认识我国当前所面临的国际形势以及国内发展态势，回应人民期盼，强化职责意识。另一方面，要实事求是地立足当前的就业形势，科学地分析市场形势，全面了解用人单位看重的能力素质，深刻反思和灵活调整自我就业态度、就业意愿、就业期望值，不断提升社会服务意识。社会认识的提升在一定程度上也反映着大学生从"单个人"转化为"社会人"的心理转化过程，他们开始意识到自己身上所肩负的责任使命有多沉重，对就业的看法也不仅仅局限于谋生的工具，更多的是实现个人价值、创造社会财富。

二、大学生就业价值取向生成的外部影响因素

我们不能抽离实践活动单独讨论历史或规律，无论是人的感觉、思想、动机或是价值认识，都要从现实活动中去找寻。故从系统论的角度讨论就业价值取向生成的外部影响因素，结合思想政治教育的外部环境来看，主要包括自然环境、政治环境、经济环境、文化环境、学校环境等。

（一）政府就业政策的调控

就业作为重要的民生工程，直接关系到劳动者的经济基础和基本保障，关系到亿万劳动者及其家庭的切身利益，是社会和谐发展和长治久安的重要基础。近年来，我国始终坚持就业优先战略，尤其围绕着重点群体及突出问题做好就业工作。一方面，政府依据国家发展战略，制定了多元化的就业辅导政策，优化资源配置，强化人才对接，切实引导大学生形成积极的就业价值取向。如2017年印发实施的《关于进一步引导和鼓励高校毕业生到基层工作的意见》，引导鼓励大学生扎根基层、服务基层，大学生在基层岗位上磨砺心智的同时也能实现为社会贡献青春力量的理想。另一方面，社会保障体系的建立为大学生打下一注强心剂，能有效缓解严峻的就业形势，减轻沉重的就业压力，为大学生提供了自由择业的广泛空间，调动起了大学生就业的积极性和能动性。

（二）市场经济体制的影响

随着我国产业转型升级，社会经济体制不断优化，第三产业比重稳步上升，大学生就业和发展的选择越来越多，但同时也带来了就业压力和挑战，大学生如何面对挑战、做出正确的选择，间接地反映出大学生的就业心态、就业动机。一方面，就业岗位数量增长放缓，就业竞争日益激烈，考验着大学生的就业心态。市场经济的常态化发展，产业结构的调整优化，必然会造成劳动力需求的下降，

岗位竞争愈演愈烈，此时良好的就业心态便是化压力为动力。"鲇鱼效应"和"马蝇法则"都表明适当竞争能够激发人才潜力，调动大学生的就业主动性。另一方面，就业岗位需求发生变化，从业人员素质需要提升，也对大学生的就业能力提高了要求。例如，物联网广泛应用于办公、住宅等领域，反映了互联网、大数据、云计算、人工智能等技术在经济领域的广泛渗透和应用。在这种背景下，不断涌现的新兴职业、不断成熟的信息技术，在推进产业升级的同时，也带动了对相关领域技术型人才的需求，要求大学生具备更高的知识水平以及综合素质，并能与时俱进，更新知识结构，注重能力提升，以快速满足信息化技术发展的需要。总的来看，市场经济体制的影响对人才来说既是鞭策也是动力，使得大学生就业价值取向在潜移默化中得到更新和完善。

（三）社会多元文化的渲染

随着经济全球化的快速发展，传媒和网络为当代大学生塑造价值观提供了重要媒介。但同时，信息本身的良莠不齐，导致其能提供的价值观念多元且混乱，影响了大学生正确就业价值取向的形成，一定程度上冲击了主流价值观，主要表现在以下三个方面。

其一，某些落后的封建文化影响大学生对个人成就的评判，类似于"学而优则仕""万事皆下品，唯读书为尊"之类的官本位思想，使得部分大学生将读书做官作为实现人生价值目标的唯一导向，就业价值取向出现了严重偏差，容易滋生不良就业竞争。其二，消费文化影响大学生对职业价值的判断。当大学生的消费意向由节俭的传统取向转化为炫耀性消费，将物质享受看作高质量生活的象征时，就会导致其沉溺于物质世界里，将职业视为赚钱的工具，狭隘看待职业价值。其三，网络活动与交往的隐匿性极易淡化大学生的责任意识与担当精神。此外，诸如享乐主义、功利主义等不良的价值文化思想用看不见的方式扩散着较大的不良影响，对主流文化、民族精神、传统道德都产生了一定的冲击和刺激，使得当代某些大学生的就业价值目标、就业价值标准随之动摇，从而在一定程度上和范围内呈现出复杂且矛盾的多元就业价值取向。

（四）高校的就业指导教育

高校既作为人才培育的关键场域，又作为人才输送的核心纽带，其就业指导教育直接关系到大学生能否将社会主义核心价值观与就业价值理想相整合，关系到大学生能否成为德才兼备的社会主义建设者和接班人，是影响大学生就业价值取向形成的关键性因素。一方面，高校可以通过系统化的专业知识学习与实践，帮助大学生提高求职竞争力，形成客观理性的自我认知，并能根据大学生的个体性格特点、个体发展目标以及未来发展前景给予指导与帮助，从而助力大学生形成明晰的就业方向，树立就业信心。另一方面，通过专业化的相关就业政策收集与解读，帮助大学生了解国家及各地区的就业政策、招聘信息等。在全面认识市场行情及国情社情的基础上，它不仅可以帮助大学生形成合理的就业预期，而且可以增强大学生的责任感，强化他们的使命意识。同时，作为高校思想政治工作的前沿阵地，高校在落实立德树人根本任务的同时，也不断强化了为国育才的责任。体现在就业价值取向引导上，高校要着重培养大学生奉献社会、热爱祖国等优秀品质，遵纪守法、严于律己等纪律意识，以系统化、专业化、阶段化的教育方式向大学生传递社会主流意识形态和价值观念，使得大学生在长期浸润下牢固树立符合社会主义核心价值导向的就业价值取向。

（五）家庭传统观念的渗透

"一家仁，一国兴仁；一家让，一国兴让"，家庭是孩子的第一任课堂，家长是子女的首位老师。家庭传统就业观念在孩子的成长成才过程中默默地影响着他们，使孩子在就业选择过程中有着固有的观念和看法。布迪厄社会资本理论认为，学生家庭资本包括经济资本、文化资本和社会资本，这些资本贯穿了学生的整个教育生涯，影响着学生的成长和成才。以往的研究大多是从经济资本和社会资本两方面来探讨家庭对子女教育的影响，但实际上文化资本在学生成长过程中起着重要作用，传统家庭就业观念的渗透对大学生就业价值取向的形成具有重要影响。父母的教养态度、生活方式、职业类型以及职业追求等都会对孩子产生直接影响。这是因为自出生起父母就通过言传身教的方式向孩子传递着他们所认同并践行的社会价值观念。谈起工作的意义，父母若能从社会需求层面论述，就能在很大程度上激励并促使孩子形成为社会奉献的就业观念。从这个意义上来讲，家庭观念的渗透是大学生就业价值取向形成的价值底色。

三、大学生就业价值取向的形成过程

思想政治教育学认为，人的思想形成过程要历经认知、认同、内化和外化四个环节，其中价值观念是在需要的驱动下，在自我意识的引导下，在价值活动的基础上形成的。基于此，大学生就业价值取向的生成往往伴随着大学生自我意识的觉醒，在个体实践经验和社会认知不断丰富的基础上形成相对稳定的职业认知，并在与社会主义核心价值体系交互的过程中强化主观认同。对这个过程进行逻辑梳理可发现其具体包括就业价值觉知、就业价值评估、就业价值整合和就业价值创造四个环节。如图 3-1 为大学生就业价值取向生成机理模型图。

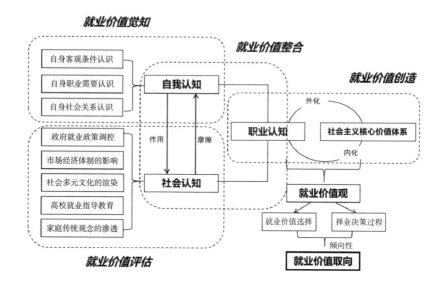

图 3-1　大学生就业价值取向生成机理模型图

（一）就业价值觉知环节

就业价值觉知贯穿于大学生的成长成才过程中，不止局限于择业这一阶段。它是个体对自我能力水平、综合状态的自我觉察、自我反省、自我评价与自我调节，属于就业的元认知。通过个体与环境之间的相互关系，反思个体在集体活动中扮演的角色，对以往实践活动经历的失误点、成功点、不足点、反思点进行系统盘查或阶段梳理后，就会对自我有个清晰的定位，充分认识到自己的社会角色、地位和使命。通过就业价值觉知，个体能知道自己的能力阈值，清楚自己的擅长领域，弄懂自己的未来所盼。最重要的是认识到自己是有价值的，并且能够创造出无限价值。当然，就业价值觉知不单单靠个体的意识觉醒，从过往经验和社会互动而来的就业价值觉知具有一定的主观性，而外界的客观评价以及专业的考核考察往往更具公平性与效用性，帮助个体将其放诸市场竞争或是时代诉求下去全面认识自我，合理调试就业期待，使得大学生明白什么是想要的、什么是能要的，在怎样的范围内、怎样的程度下是能凭借个人努力得到的，从而推动大学生在个人发展与获得成就的期望驱动下了解社会规范，参与社会活动，逐步形成符合自身实际的价值观念，这是就业价值取向形成的基础前提。

（二）就业价值评估环节

就业价值评估是指大学生在个人的知识经验、思考方式的基础上，结合参加的实习见习、就业实践活动，在对外部价值信息进行接收、理解以及吸收的过程中，逐渐形成的评判标准。这条隐形的标准线会划定价值的效用大小，会判断价值的好坏与否，属于就业的把关口。苏格拉底说，生活未经省查就毫无价值。对生活在信息时代的大学生更是如此。当他们面临的就业选择多种多样、利益诱惑较大时，就需要对就业价值进行评估，客观分析职业背后所蕴含的价值关系以及利益原则，对价值观的是非对错有清晰和明确的认识。当然，虽说是标准线，却不一定以线的方式固定存在，因为价值关系存在于主客体的互动中，是反映在个体观念想法之中的，对各价值的重要程度排序有时会存在交叉或是交融的情况，或者有时不是所有价值属性都具备，往往有一方面获得利益，就有一方面利益受损，这就需要个体具体问题具体分析，科学研判价值属性，理性衡量价值分量。但无论这条线怎样灵活改变，基本的道德规范以及法律原则是不可违背的，它是就业活动开展或是个体所有实践活动的底线与要求。只有在这个标准之上，筛选出对自身价值较大的就业价值信息，进行合理的就业价值选择，才能正确处理不同价值之间的矛盾关系，树立正确先进的就业价值取向。

（三）就业价值整合环节

就业价值整合环节是指大学生通过对话、交流、交往、互动等过程不断接收相关就业价值信息，再与原有的就业价值观进行协调、整合，通过不断调整就业价值结构来适应社会价值规范。原有的就业价值结构可能更多强调个人认知和社会认知，初步拟定就业倾向与就业期待的轮廓。但随着就业信息的不断丰富，大学生对职业属性、工作流程、职责要求逐渐有了更加深刻的认识，进而会对职业生涯发展产生新的思考。在生涯规划理论中，个人规划过程分为知觉与承诺、认识自我、认识工作世界、决策、行动、再评估等六个阶段。就业价值整合环节其实相当于决策阶段，就是在了解自我、认识工作实际后，整合各种因素，评估可行性，修订就业价值取向，制定出一个具体可行的就业价值目标。它既是个体自觉地接受和遵循社会共同价值规范的态度，也是个体主动融入社会、进入市场、以社会共同价值要求为标准来规范自身的活动。

（四）就业价值创造环节

大学生就业价值创造环节是指大学生经过持续深化的自我认知、社会认知、职业认知，结合就业实践活动将其整合和构建的就业价值观念再评估、再修订，尤其结合社会核心价值体系进行内化吸收、外化践行，从而实现就业价值的继承、发展与超越，这是大学生就业价值取向生成的最后环节，也是最为关键、最具意义的一环。一方面，就业价值创造需要大学生发挥自身优势，丰富职业实践。职业是固定的，但从事这项职业的人各不相同。每个个体都是独特的、有差异性的，如何充分发挥自己的优势，创造最大的价值，需要在做到人职匹配的基础上深入了解岗位，这就需要大学生发挥主观能动性，在熟练掌握岗位技能的同时在方式方法上做一定的改进，使工作的内涵更丰富，更具实效性，在平凡的岗位上创造不凡的价值。另一方面，就业价值创造需要大学生借助良性互动促进职业创新。大学生就业其实就相当于找准了自己在社会这台大机器上的位置，更多的时候可能充当一个推动运转的齿轮的作用。齿轮不大，要凭一己之力推动机器运转或许是天方夜谭，但齿轮也不小，少了哪一个齿轮，机器的运行都会变得缓慢甚至是暂停，故大学生要摆正自己的位置，把社会精神需求与自我想象力、创造力结合起来，通过吸收转化产生持续不断的创新浪潮，使自我价值最大化，推动社会不断向前发展。

第三节　大学生就业价值取向的总体态势与现实矛盾

随着我国工业结构、市场需求的改变，高校毕业生的就业选择日趋多样化。为详细了解大学生就业价值取向的总体态势，本节基于应届毕业、毕业三年后、毕业五年后的跟踪评价数据，对能反映大学生就业价值选择和就业价值决策倾向性态度的数据信息进行筛选和整理，重点了解大学生就业价值取向呈现出的总体时代特征。

一、大学生就业价值取向的总体态势

通过对高校毕业生的科学研究发现，目前高校毕业生的就业形态更加严峻，毕业生的就业任务更加繁重。但是，在党和国家积极扩大就业市场、全力落实政策性就业岗位、确保大学生就业"基本盘"这一正确导向下，我国大学生就业形势总体良好，实现高质量就业创业占主导地位。理性化、多元化、个性化、灵活化的就业价值取向客观反映出当代大学生的精神风貌和时代品质。

（一）企业价值认知呈现理性化趋势

教育水平的普遍提升使得当代大学生的就业价值认知更为客观理性，他们会综合考量多种就业要素，对其进行价值估量和排序，然后在可选择范围内择优，先就业后择业的就业心态较为突出。据《2021年中国本科生就业报告》可知，不管是实习还是校招，大学生最看重的还是"薪资福利"。除此之外，大学生还会衡量从业幸福感，具体包括就业城市的区域发展情况、总体工作与所学专业的相关性以及个人职业发展空间等。比如在就业地的选择上，虽然"长三角、珠三角地区的吸引力持续较强"，但不同于昔日的只向往"北上广深"，大学生的就业重心持续下沉，选择地级城市及以下地区就业的大学生比例持续上升，大学生会根据自身工作能力情况，综合分析就业地的工作压力、生活方式及未来发展，合理选择未来居住地。

随着各地各高校就业服务质量水平的提升，大学生享受着就业信息渠道畅通、就业政策咨询便利的福利，大学生就业相关知识储备日益丰厚，对自身职业发展也更加清晰，择业观念也趋于理性，能主动选择就业分流。硕士研究生扩招、政策性岗位数量增加等举措切实缓解了就业压力，农业、制造业等刚需产业成为大学生就业的稳定器。大学生能相对客观地看待社会关系，注重个人工作能力的提升。部分大学生倾向于先就业后择业，或是先就业后升学，认为学历提升可以带来更好的经济回报和就业感受，认可知识水平、专业技能以及工作能力在职业发展中的重要性，大学生整体呈现出理性化的就业价值认知。

（二）就业价值评价呈现多元化趋势

就业价值认知的理性化和务实性使得大学生能够做到立足现实审视自身，综合考虑就业成本，调整就业理想。随着我国社会主义市场经济体制的不断完善，大学生就业前景更加广阔，就业思路更为多样，就业理念也更为前沿。每个当代大学生都有自己衡量价值的标准，每个人对就业价值评价的差异也较大。图3-2为2020届大学生收到过录用通知却未接受的原因，可以分析出，大学生在就业过程中看重的要素不同，对一份工作的价值评判具有多元化特征。

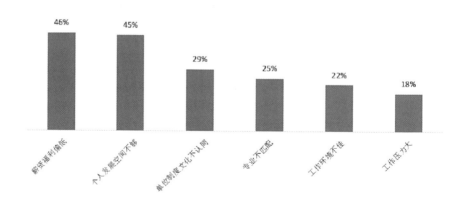

图 3-2　2020 届大学生收到过录用通知却未接受的原因

目前形势下，越来越多的大学生突破传统就业观念，打破了对职业地位的高低和尊卑顾虑，他们会从职业的社会地位、经济报酬、劳动强度、技术构成甚至个人满意度等多方面进行综合认识和价值衡量，具有较为突出的社会化特征。一般来说，大学生就业价值评估是指大学生根据自身价值取向对社会各职业进行全面评价，即社会群体职业价值评价已经不知不觉地注入大学生社会认知领域。尤其是当他们缺乏对某一职业的深入了解和体验时，往往会依赖于网络上的信息和社会评价来获得对某一职业的认知。大学生成长背景迥异、受教育层次不同或是信息收集存在差异，都会导致其对某种职业的评价不同。但整体而言，大学生的就业价值评价仍携有社会认知的影子，呈现多元化态势。

（三）就业价值追求呈现个性化趋势

大学生物质生活的相对优渥和精神世界的相对充沛在一定程度上为大学生追求职业理想奠定了良好基础，使得大学生勇于追求职业理想、实现职业抱负。大学生的就业价值认知和评价不同，使得其就业价值追求呈现出个性化趋势。具体来看，有的大学生放弃热门行业的高薪待遇，毅然选择扎根科研岗位；有的大学生放弃舒适、便利的城市生活，义无反顾地选择了西部支教；还有的大学生选择在学有所成的情况下回到家乡，旨在用所学技能回报家乡、建设家乡。根据教育部的数据，近 3 年来，我国基层就业取得了重大突破，基层就业比重逐步提高。

我国相继颁发数个就业扶持相关文件，旨在切实帮助大学生实现就业价值追求。新时代，大学生就业价值追求的个性化特色也体现得更为明显。他们更加关注自己的职业理想和兴趣，更加关注自身的个人价值和社会价值的实现。受传统文化和现代思想双重影响的大学生，其就业价值追求存在着社会选择与主体选择、道义与功利、公平与效益之间的现实矛盾。但是，在就业过程中，他们并没有消极地、被动地适应社会，而是积极主动地融入社会，有着较为强烈的自我意识和自主能力。比如，网上零售、信息技术服务等新兴产业得到加速培育和发展，大学生从事互联网开发与应用的比例逐步升高，呈现出个性化发展趋势，如表3-1所示。

表 3-1　2016—2020 届大学生毕业半年后从事职业呈正向增强的职业占比（单位：%）

职业类别	2020 届	2019 届	2018 届	2017 届	2016 届	五年变化
中小学教育	10.8	10.1	9.7	9.5	8.7	2.1
建筑工程	6.2	5.9	5.9	5.3	5.5	0.7
互联网开发与应用	6.1	6.0	5.9	5.7	5.0	1.1
医疗保健 / 急救	5.0	5.1	5.4	5.7	4.2	0.8
媒体 / 出版	3.6	3.8	4.1	4.2	3.3	0.3
表演艺术 / 影视	1.6	1.7	1.3	1.2	1.0	0.6
环境保护	0.7	0.7	0.6	0.6	0.6	0.1
文化 / 体育	0.7	0.7	0.9	0.8	0.6	0.1

（四）就业价值选择呈现灵活化趋势

随着互联网经济的蓬勃发展，各地高校积极挖掘新产业、新业态、新模式的就业机会，切实引导大学生在数字经济、平台经济等领域灵活就业。灵活多样的就业方式，如创业、个体经济、非全日制就业、新就业形式等，对拓宽就业渠道、培育就业新动能起着重要作用，为大学生提供了更多就业选择。

此外，教育部充分发挥高等教育人才的"蓄水池"和就业"缓冲器"的作用。升学规模的扩大，其中专升本、硕士研究生的招生规模持续扩大，这些都在一定程度上缓解了大学生的就业压力。随着国家对灵活就业保障机制的不断完善、对大学生创新创业工作的不断支持和鼓励，更具活力的新兴职业将会不断涌现，更具创新性的就业方式将会不断翻新，推动大学生实现更灵活的就业价值选择。

二、大学生就业价值取向的现实矛盾

马斯洛的需要等级理论由低级到高级构成了一个系统，其中生存需要、安全需要、归属需要、尊重需要以及自我实现需要依次向上，行为的动机都源于行为主体的需要。大学生在就业过程中呈现出的价值认知、价值衡量、价值评价以及价值选择，都是从自身的个体化需要出发，进而对职业本身、岗位要求等形成了一定的价值上的澄清。具体来看，理想与现实、物质与精神、自我与社会、守旧与创新等多个维度上的现实矛盾性也会在一定程度上影响大学生主体的就业价值目标的确立、就业价值取向的形成以及就业价值行为的践行。

（一）理想样态与现实状态间的差距

大学生在进行就业选择的过程中，往往会存在一个求职预期。大学生对社会、企业的收入结构和自身能力水平缺乏客观的认识，从而严重影响了其就业价值取向的形成及就业良好心态的养成。最近几年，大学生们也从"毕业就找工作"的传统方式转变成了"慢就业族"。大学生暂时停下脚步、避开求职高峰、增长阅历见识，更好地提升了就业竞争能力。但缺点是"慢就业"要付出高额的财力和时间代价，部分大学生把"慢就业"当作"啃老"的挡箭牌，再如部分大学生随意就业、频繁离职跳槽等现象都是低质量的就业行为。这些大学生没有仔细倾听自我需要，没有全面考量社会现实，理性样态与现实状态间的差距阻碍着正确的、客观的、合理的就业价值取向的生成。

（二）物质享受与精神声誉间的权衡

物质享受指的是工资、福利、发展前景，而精神声誉则是指这个职业是否有美誉度、职位是否光鲜亮丽，也就是所谓的"好工作"。不可否认的是，大学生在求职就业过程中，除了关注岗位本身的薪资待遇，还会考虑这份职业是否体面，更看重家人朋友对自己工作的看法，从而陷入找工作"看里子"还是"看面子"的两难抉择中，而在这份权衡背后实际上也是大学生就业价值取向中的各个要素在排序，其就业选择从侧面反映出了大学生的就业观。比如，有些看上去很体面的工作，其实只是一种机械性的工作，这不但会让学生失去工作的积极性，也会让他们失去应有的发展机会。是更看重岗位自身附带的物质属性，还是更看重职业与自身各方面的匹配程度，抑或更在乎职业声誉，这些都是大学生在进行就业选择时所需要仔细权衡、不断考量的。只有具备成熟、理性的就业观，才能使大学生在工作中全身心投入，最大化地实现个人价值。

（三）自我满足与社会需求间的排序

随着当前大学生个体意识的逐渐增强，大学生主体从自身出发，注重自身利益的实现、个体价值的实现，就业价值选择就会面临个人利益与社会利益的排序问题。通过对"90后"青年社会价值取向的调查分析，笔者发现"90后"青年普遍持有积极、正向的社会价值观念，表现为"重视集体主义、人文关怀、平等权利，但对社会现状的感知相对消极，认为社会人文价值取向一般"。在现实访谈中笔者发现，很多大学生将"谋取经济收入和社会地位""养家糊口"等作为就业目标首选，至于说到"做中国特色社会主义事业的建设者和可靠的接班人"，部分大学生表示"愿意参加"或是"在就业机会均不合适的情况下"考虑到基层去、到西部去、到偏远地方去。如何正向地引导个体从社会层面出发思考自身作为，做出选择，对现实层面的社会行为起到积极影响，也就成为就业价值观培育的关键性问题。

（四）求稳观念与创新意识间的转换

大学生在进行就业选择时，其价值评判标准存在明显的"社会化"倾向，"官本位""稳定"的传统就业思想依然在大学生的就业价值取向中占据重要的位置。求稳观念与创新意识之间的对立强烈。部分大学生为了规避未来的就业风险，尤为关注工作的稳定性与舒适度，国企凭借着强有力的制度和体制保障优势成为大学生理想的就业选择。此外，大学生逐渐倾向于公务员、事业单位等，"考公热"现象也就此产生。广告媒体、金融快销业等行业工资高，发展前景好，科技含量高，部分职业更符合大学生的兴趣，成为大学生较为青睐的职业选择之一。大学生竞争意识、自我意识、风险意识的增强，使大学生在进行就业创业价值选择时面临着现实困境。求稳心态与创新意识之间相互对立又相互转化，致使就业选择的不稳定性增强。

三、大学生就业价值取向产生矛盾的成因分析

大学生的就业现实状况存在矛盾，其本质原因在于大学生的就业价值取向存在偏差，而价值观念的产生又要受到现实基础的影响。思想政治教育不能直接改变社会根源，但能切实影响人的思想观念，故对大学生就业价值取向中深层矛盾与问题的挖掘也要紧紧围绕大学生主体展开，由内及外层层剖析，具体可分为理想信念、奋斗品质、就业形势以及自身条件评估四个方面。

（一）理想信念不够坚定

大学生成长在物质水平相对优渥的环境下，对物质回报的追求也相对强烈，当其将所有精力和心思投入物质利益获得上时，就会产生功利性思想，注重个人物质所得，忽视理想信念追求，使其就业价值取向存在偏差。大学生有不同的个人诉求以及利益追求实属正常，但其追求是不能与国家、集体利益相悖的，这是根本的价值原则和价值底线，且大多数情况下，个人利益与集体利益是不相矛盾、互促互进的，因为只有万万千千的个人实现个体价值才会有集体的发展，而社会进步又促进了个体的利益获得，只不过有时候需要将眼光放得再长远些。对于大学生而言，由于人生阅历有限，具备前瞻性目光可能有些困难，有时只会看到眼前利益。这时就需要大学生将坚定的理想信念作为价值标杆和行为准则，确定人生价值的方向和人生幸福的内涵。在形成就业价值取向的过程中，要把国家利益、社会利益和集体利益铭刻在心中，这样就会少些精神痛苦、思想困惑，避免就业价值排序的混乱，也能为长远发展带来不竭动力。

（二）奋斗品质相对较差

当前大学生很大一部分都是独生子女，是在家庭成员的关心呵护下成长起来的，经受的挫折较少，往往处于较安逸的生活环境下，长此以往极易导致大学生对艰苦奋斗精神领悟不足。而如果大学生意志品质薄弱也会严重影响其就业心态，使其就业价值取向产生偏差。一方面，没有了饥寒交迫的生存环境，没有了高山草原的艰难条件，再加上给予大学生自由择业的权利，部分大学生相较于"不能吃苦"，更多的是"不愿吃苦"。他们更向往安逸富足的生活，较少将条件艰苦地区的基层岗位划入择业范围内。另一方面，大学生由于体悟不到艰苦奋斗对个人的重要意义，一味否定主观努力的作用，认为即使再付出、再努力也不过如此，将显性的利益所得看作职业价值实现的全部，将个别的被拒行为看作就业的全部否定和失败，极易导致个人对自我努力作用的综合评价降低，在就业行为上产生退缩畏惧的心理。部分大学生还会产生社会不公平、就业不平等等不良就业心态。个体的主动性和积极性被严重打击，个体的创造性与内在潜能就无处可施，就业价值取向的激励功能与凝聚功能便丧失了意义。只有多看看各行各业的人们为未来拼搏付出的模样，多培养吃苦耐劳、艰苦奋斗的意志品质，才能击破"等靠要"思想，实现大学生的独立自主、自力更生，形成良好的、积极的就业价值取向。

（三）对就业形势的认识不够全面

时代在发展，市场在变革，社会对人才的需求也在时刻发生着改变，就业形势复杂多样。加上科学技术的不断进步、新兴职业的不断更迭，大学生若想在市场洪流中找寻到方向，就要两耳多闻窗外事，对就业形势有清晰的认知。一方面，对就业形势认识不清就会导致价值取向的混乱。以当下举例，互联网时代下灵活就业、自主择业方式给予了大学生多样化的选择权利，大学生可以将个人兴趣及所长与职业属性相匹配，从而树立独特化的、定制版的就业价值取向。部分大学生仍存有传统包分配的择业观念，在自主选择面前犹豫不决，更喜欢听从别人的意见，认为别人都心仪的就是最好的，被传统就业思想束缚了手脚。另一方面，对就业形势认识不够全面就会窄化就业视角。如果大学生只从个人角度切入，缺少国家层面、国际视野层面的就业趋势分析，就只能看到市场发展的冰山一角，极易对未来职业发展产生失望的心理。实践是检验真理的唯一标准，只有跟进就业形势，才能解放思想，树立合乎时宜的就业价值取向。

（四）对自身条件的评估不够客观

自身条件评估主要是指自我认知，即个人对自我需要、自我能力水平以及自我在社会上尤其是在职业选择层面上的定位，它是树立职业价值取向的前提基础和根本保障。要是对自我认知不清，就业价值取向便如同断了线的风筝，自然会偏离原有飞行轨道。一方面，个体对自我的认知往往是从过往经验得来的，而大学生社会阅历较浅，经验累积较少，往往会以偏概全，在一两次深刻经历的基础上得到一些刻板的印象和先入为主的偏见，过高或过低评估自己的能力水平，认为自己的最大潜能已经可以预见。守旧的思想观念限制了就业努力程度和选择范围，殊不知其遵循的思想观念是对过去的生活状况的反映，具有一定的滞后性，且会因个体记忆的偏差带有主观情感评判。另一方面，部分大学生久居于象牙塔中，缺乏实践经验，重理论、轻技能，从而极易在激烈的人才竞争中丧失优势地位，陷入求职恐惧或是求职失意等消极心态中。

第四章　微时代大学生价值观教育

大学生价值观教育对塑造大学生的理性价值观，引导大学生的行为具有重要意义，大学生理性的价值观不仅决定了其自身的价值判断，而且也是影响社会风气、促进社会活动良性发展的重要因素。

第一节　微时代及大学生价值观教育的含义与特征

何为微时代？微时代有哪些特征？在微时代环境下大学生价值观教育呈现出哪些"新"特征？厘清这些内容是研究微时代大学生价值观教育的关键。

一、微时代的含义与特征

微时代起源于一些名人、品牌企业以及机构进驻微博之时，他们通过微博关注形成自己的微友圈，潜移默化地影响着关注者的思想和行为。较早对微时代的研究认为微时代是一个蕴含着文化传播、人际交往、社会心理、生活方式等多种复杂语义的时代命题。它是以网络技术变革推动媒介、载体更新而带来的全新时代，在这个时代，个体的心理和行为发生了微变化，推动个体形成了与这个时代同步的思维方式、学习方式和行为方式。

（一）微时代的含义

关于微时代的内涵，当前学术界尚未形成统一且严格的定义。归纳起来，我国学者主要从三个维度进行把握。首先，从其内涵特性维度界定微时代。"微"是指在现实中的一个个活生生的作为主体而非客体的人，单个人是"微"的最小单位，无数"微""主体—客体"关系合成了微时代。微时代既不是由微主体、微客体机械合成的时代，也不是仅由技术变革推动媒介、内容更新而产生的时代，而是在网络时代的基础上各种微内容通过微媒介渗透影响微主体的心理状态，进而改变其思维方式和行为方式的时代。其次，从微时代的外延特征维度界定。微时代即以微博、微信等微媒体为媒介代表，以手机、平板电脑等便携设备为载体，以"短小精炼"为文化传播特征的时代。微时代既区别于以往的传媒时代，又与基于互联网而产生的新媒体时代相区别，微时代最本质的特征就在于其微型性。最后，从起源上界定微时代。微时代是人们依托计算机网络技术和移动通信技术，通过文字、语音、图片、视频等多媒体形式，进行实时、高效、互动的信息阅读、加工、发布和交流等社会活动的信息化时代。简单来说，就是科学技术的发展，推动了信息传播方式的更新，产生了微信、微博等信息传播媒介，从而拉开了微时代的序幕。

依据以上分析，可将本文使用的微时代概念定义为：微时代是以互联网为依托，以手机、平板电脑等移动终端设备为载体，以飞信、微信、微博等微应用为主导传播媒介，传递短小精悍的内容，从而引起个体心理微变化、思维微调整、行为微改变的新环境。

（二）微时代的特征

微时代作为影响个体思想、行为的新环境，具有以往任何时代都不具备的特征。其特征主要由传播载体、传播媒介、传播内容和传播方式等要素共同规定。微时代作为影响个体发展的新环境具有以下特征。

1. 微型性

微时代的微型性特征主要体现在参与微时代各项具体活动的要素上。首先，主客体具有微型性，在微时代参与各项实践活动的主客体都是一个个活生生的人，单个人是参与活动的最小单位，他们共同推动着这个时代向前发展。其次，载体形态和媒介具有微型性，微时代与新媒体时代最大的区别就在于微时代的媒介和载体不仅是最新的而且是最小的。从载体上看，微时代依托的载体是便携式移动终端设备，虽然在技术的更新过程中，一些商家为了抓住顾客的眼珠子和钱袋子，移动终端设备的屏幕越来越大，功能越来越多，但是万变不离其宗，移动终端设备的通讯功能要求它必须便于携带，这为各项微媒介的运用、推广提供了保障。从媒介来看，作为微时代主导媒介的微信、微博等微应用空间形态较小，这既不影响移动通信设备的正常运行，也为拓展个体的社交需要提供了新途径。最后，传播内容短小精悍，微信、微博等微应用依靠网络进行传播，网络时代的快节奏促使个体间的沟通要简捷高效，因此，借助微媒介传递的内容通常都是直接明了的内容，这既提高了沟通的有效性，也满足了个体的快节奏心理需求。因此，微型性是微时代区别于其他媒体时代的本质特征。

2. 多元化

微时代的多元化特征主要体现在它的传播方式、传播内容和对人的影响上。首先，在传播方式上，与传统媒体一对多、点对面的传播模式不同，以微信、微博等为代表的微媒介不仅能保证传播者与接受者之间一对一和一对多的传播，而且使二者之间的多对一和多对多的传播成为可能。微媒介间一对一的信息传播模式在保障个人隐私的前提下，弥补了人际交往的空间局限；一对多和多对一的传播模式不但满足了个体间的情感交流需要，而且也促进了个体间自律教育和他律教育的发展；而多对多的传播模式更是推动微时代信息传递快速进行的主要途径，总之，不管是一对一、一对多、多对一还是多对多的形式，它们都是奠定微时代稳固根基的主力军。其次，在传播内容上，以微信、微博等为代表的微媒介依托互联网进行信息传递，使得各个地区、各个民族、各种类型的信息在微媒介上实现了多元一体交流。在各类微媒介上既能看到明星大腕晒幸福，也能看到微网大咖晒各种攻略，还能看到草根民众晒心情、晒状态，这是微时代多元化的显性展现方式。最后，在对人的影响上，微时代对人的影响体现在以下三个方面。第一，微时代对个体心理产生了影响，各种社会信息通过微媒介、微载体对个体进行渗透，使得微时代的个体心理变得更加浮躁；第二，微时代对个体思维方式产生了影响，以文字、图片、语音、视频等形式传递信息使个体在思维方式上变得更加追求直观具体；第三，微时代对个体行为方式产生了影响，媒介载体的多维开发激发了个体运用多种媒介进行微商销售的营销行为。因此，多元化也是微时代的重要特征。

3. 隐蔽性

微时代的隐蔽性指的是在微时代人与人之间的沟通是潜藏的，微信息对人的影响是隐蔽的，只有彼此关注或成为通讯录里的好友才能看到彼此的动态，才能对个体的心理、思维和行为产生影响。微时代的隐蔽性主要体现在信息传播方式和对人的影响两个方面。首先，微时代的传播方式隐蔽，进入微时代虽然各种信息会在微群体间、微个体间流转，但只有彼此关注或成为通讯录里的好友才能看到彼此的具体动态，个人与交流对象之外的第三方很难深入其中，这也给监管部门监督信息流向增加了难度，但正是因为这种隐蔽的传播方式能极大地保护个人隐私，各种微媒介才迅速获得了受众的青睐。其次，微时代对人的影响也具有隐蔽性，个体身处在微圈中，接收到的信息对自己的心理、思维和行为能否产生影响、有什么影响、怎样影响，在一定时间内并非十分明确，这种潜移默化的影响，只有经过时间的沉淀，透过心理的微变化、思维的微调整、行为的微改变才能逐渐显现。因此，隐蔽性也成为微时代最显著的特征之一。

二、大学生价值观教育的含义与特征

（一）大学生价值观教育的含义

学者们主要从以下四个角度进行把握。首先，从主体论的角度界定价值观教育，价值观教育就是用人文主义的价值取向引导青少年用正确的价值标准去看待社会、人生及自己的生命和生活。价值判断能力在价值观形成过程中发挥着根本性作用，也是稳定的价值观形成的前提条件。因此，价值观教育就是教育主体开展的关于价值取向和价值标准的教育。其次，从本质论的角度界定价值观教育，价值观教育是促进人的素质发展的高级社会活动。最后，从实践论的角度界定价值观教育，价值观教育是思想政治教育的一项基本内容，是一定社会、阶级依据其价值目标和标准，有组织、有计划地对人们施加系统影响，激发人们的主观能动性，从而形成正确价值观的活动。可见，大学生价值观教育既是理论教育也是实践教育，既是教育主体为特定目的而开展的理论教育，也是内容广泛、内涵丰富的实践教育。

根据以上分析，笔者认为大学生价值观教育是指教育者在一定的价值目标、价值标准的指导下，尊重大学生的成长成才需求，有目的、有计划、有组织地对大学生进行系统性、理论性的价值传递，并通过大学生的自我教育、自我内化和外化，促进大学生个体的价值观念、价值行为、价值体验等要素协调发展的教育实践活动。具体而言，就是教育者在一定教育目标的指导下，尊重大学生的成长成才需求，以受教育者的思想现状和思维特点为基础，依据一定的标准向大学生传递价值思想、价值观念和价值行为等的实践活动。对这一概念可以从以下两个方面进行把握。

第一，大学生价值观教育既是一项教育实践活动，也是一个教育过程。首先，大学生价值观教育是一项集教育者的教学实践和受教育者的行为实践于一体的实践活动。教育者在教学实践中检验、践行自己的教学理念，同时把这种理念、思想传递给大学生，为大学生改进自己的思想、升华自己的理念提供方向指引，但这只是完成了大学生价值观教育实践活动的一部分，大学生价值观教育成效如何关键是看大学生在日常生活中如何践行这种理念、传递这种理念。因此，大学生价值观教育是一项教学双方通力合作的实践活动。其次，大学生价值观教育也是一个以受教育者参差不齐的思想现状为起点，以受教育者掌握科学的思维方式为终点的教育过程。大学生价值观教育就是教育者在这项实践活动中将自己的价值理念沉淀为具体的教学案例，通过具体的教学案例教会学生科学思维的过程。

第二，大学生价值观教育既强调价值目标的指导，也强调尊重大学生的主观能动性，考虑大学生的成长成才需求。教育目标是教学活动的指引，只有在教育目标的指引下，教学活动才有可能取得实质性的进展，但是教育目标不是唯一的指引，大学生价值观教育还强调大学生成长成才需求的指引。换而言之，大学生价值观教育目标的完成必须充分考虑大学生的成长成才需求和大学生的主观能动性。当代大学生生活在比较自由、民主的时代，具有较强的个性，因此，大学生价值观教育必须把握这样的倾向，充分尊重大学生的成长成才需求，充分发挥大学生的主观能动性，为大学生表达自己的见解搭建好平台。

（二）大学生价值观教育的特征

1. 价值导向性

大学生价值观教育的价值导向性主要体现为价值观教育的目标导向和意义导向两个方面。目标导向侧重从教育者的角度来说，指通过确立价值观教育目标为大学生价值观教育内容提供指导，大学生价值观教育目标是高校思想政治教育目标的重要组成部分，其主要内容就是高校通过教育使大学生形成合理的价值判断、科学的价值选择、高尚的价值追求。意义导向侧重从受教育者的角度来说，大学生接受价值观教育会根据自己的实际需求、教育内容是否对自己有用而进行选择，大学生树立什么样的价值观决定着大学生价值观教育意义导向的具体方向。

2. 动态发展性

动态发展性主要是从大学生价值观教育实践活动的构成要素这个角度来说的。马克思主义认为，整个世界都处在永恒的运动变化发展之中，自然界如此，人类社会更是如此，所以，作为人类社会独有的教育实践活动也应该是运动、变化、发展的。这种变化发展具体体现在以下几个方面。第一，作为教育活动的主要参与者，教育者和受教育者会随着社会实践的发展而逐渐发展。在现实环境的熏陶下，受教育者的心理倾向前卫，需求逐渐扩大，因此，为了解决这些问题，教育者所采纳的教育方式、选取的教育素材等也在与时俱进。第二，作为大学生价值观教育活动重要组成部分的教育内容、教育媒介也在不断变化发展。大学生价值观教育作为国家意识形态教育的重要组成部分，其教育内容会随着现实发展的需要而不断增添新的内容，教育媒介也会在现实推动下引入新的媒介工具。第三，大学生价值观教育的环境也是动态发展的，并且动态发展的环境亦是推动其他要素发展的重要因素。可见，动态发展性是大学生价值观教育的重要特征，也是大学生价值观教育保持旺盛生命力的缘由之所在。

三、微时代大学生价值观教育的含义与特征

（一）微时代大学生价值观教育的含义

《孟子》一书中提道，"君子有三乐……得天下英才而教育之，三乐也"。按照《说文解字》中的解释，"教，上所施，下所效也""育，养子使作善也"。从狭义上理解，教育就是社会对个体的单向指向过程；从广义上理解，教育既包括社会对个体的指向，也包括个体的自主学习过程，即个体对社会的指向。传统的大学生价值观教育通常指的是前者，即强调社会对个体的教育过程。而此处所指的微时代大学生价值观教育是指将大学生价值观教育放在微媒体环境下进行，更加强调个体的自主学习过程。

大学生价值观教育与微时代大学生价值观教育是共性与个性的关系。大学生价值观教育强调教育者对受教育者的教育，即教育者向受教育者传递具体的价值观内容，教会他们掌握这些具体内容的方法。而微时代大学生价值观教育，是指在一定政党（阶层）的价值目标、价值标准的指导下，尊重学生的成长成才需求，主要依托互联网微媒体平台，有目的、有计划地对大学生实施渗透性影响，并通过大学生的自我领教和外化反馈，提升主体价值判断能力、价值选择能力，激发其价值创造力的过程。可见，微时代大学生价值观教育侧重于强调大学生的自主性，即大学生不但要掌握价值观教育内容，更要学会论证分析，积极地将自己科学的价值观念反馈给第三人。具体可以从以下几个方面进行把握。

首先，微时代大学生价值观教育的背景是"微时代"这一特殊环境。微时代既保留了互联网时代、电气时代的基本特征，如点对点的信息传递、相对固定的环境影响、具有倾向性的意见领袖等，又与一般的互联网时代、电气时代在信息传递方式、信息传递内容和环境影响等方面有明显区别。在信息传递方式上，微时代更突出体现为多元化传递，这种多元轰炸式的信息传递，对大学生的信息甄别能力提出了更高的要求。在信息内容的传递上，微时代更突出展现碎片化传递，简单的片段式阅读改变了大学生的阅读习惯，影响其深度阅读能力和逻辑思考能

力。在环境影响上，微时代更加凸显思维的魅力，开放式环境打破了公众对意见领袖的倾向性崇拜。

其次，微时代大学生价值观教育的对象是大学生这一特殊群体。大学生正处在价值观形成的关键期，思想活跃且易于受到新事物、新思想的影响，表现为大学生是微时代各种微工具的主要使用者，他们接触微工具的时间较长，接收的微信息较多，思想观念、思维方式、行为方式受微时代的影响最大。同时，他们的思想行为也深刻影响着其他群体的价值观发展，体现为大学生掌握着较多的先进知识，具备较高的文化素养，善于思考、追根溯源等，是引导公民价值观发展的风向标。因此，微时代大学生价值观教育获得大学生的认同、反馈是其成功的关键，大学生思维能力的培养是其展开的立足点。简单来说，微时代大学生价值观教育就是在微时代环境下，更强调教育者的思想引导、思维魅力，更突出受教育者的主体地位的一种教育方式。

最后，微时代大学生价值观教育是一种思想引导教育，更是一种思维培养教育。微时代大学生价值观教育指向的是大学生的思想价值观领域，目的是通过教育使大学生成长为有思想、会思考的人，让他们自觉地形成科学的思维方式。因此，微时代大学生价值观教育与一般的知识性教育、技能性教育在教育理念、教育内容、教育途径、教育效果等方面都呈现出较大的不同。前者在教育理念上更强调教会学生如何思考，在教育内容上更重视提升学生的思维能力，在教育途径上更突出运用各种新的微媒介，在教育效果上更明确凸显学生的主体地位。总而言之，从受教育者的角度来说，他们更关注教育者的思维魅力，更愿意被有思想的意见领袖引导；从教育者的角度来说，他们更注重提升受教育者的思维素养，引导他们形成科学的思维方式。

（二）微时代大学生价值观教育的特征

准确把握微时代环境下大学生价值观教育的特征是有效开展大学生价值观教育的前提和条件。微媒体的发展、微媒介的广泛运用不仅是一场技术革命，给人们带来了大量信息，极大地方便了人与人之间的交流，更是一次转变思维方式的革命。对于高校的教育工作者来说，各种微媒介进入大学生价值观教育课堂或借助各种微媒介传递价值观教育内容应是一种历史必然，而把握这种必然趋势、掌握现代传播技术和手段、引导学生科学理性地选择和吸收信息，对培养我国社会主义现代化建设事业的合格建设者和可靠接班人具有重要意义。微时代大学生价值观教育具有如下特征。

1. 微时代大学生价值观教育过程的渗透互动性

微时代大学生价值观教育过程的渗透互动性主要是指在微时代的环境熏陶下，借助一些微媒介进行双方的互动交流，大学生的思想行为会在潜移默化中发生变化。微时代的到来，打破了传统的信息传播模式，在计算机网络技术和移动通信技术的支持下，人们接收信息不再受到时空的限制，而是可以方便地通过手机、平板电脑等移动终端快速接入互联网，以文字、图片、语音、视频等方式发布最新见闻，接收最新消息，参与互动点评。正如新浪微博的宣传语——"随时随地发现新鲜事"。微时代的信息传播更加快捷和高效。教育者和受教育者之间实现了实时交流与互动，教育者不仅是信息的发送者，也是信息的接收者，受教育者也不再是被动地接收消息，而是主动地消化、领悟、接收、传递消息。微时代大学生价值观教育的互动交流过程充分发挥了大学生的主观能动性，凸显了大学生的主体地位，这促使大学生更加主动积极地融入微时代大学生价值观教育过程中，同时微环境的熏陶也潜移默化地影响、改变着大学生的思想和行为。

2. 微时代大学生价值观教育信息的多元立体化

微时代大学生价值观教育信息的多元立体化主要体现在信息来源、信息传播渠道以及信息内容等方面。从信息来源看，微时代大学生价值观教育的教育内容既包括理论、方针、政策等具有较强政治性的内容，也有来自个体的思想、情绪等随意性内容。从信息传播渠道看，微时代人们接收信息既可以通过现代的电脑、手机、平板电脑等网络新媒体，也可以通过电视、报纸等传统媒体。从信息内容看，教育者或者受教育者只要拥有一台联网的电脑、手机或平板电脑，就可以方便快捷地获取大量的即时信息，从时间上他们可以挖掘过去的历史，洞察当今时事，探寻未来趋势；从空间上他们既可以了解国内的政治、经济、文化等内容，也可以了解国外的政治动向、社会生活等内容。可见，微时代大学生价值观教育信息既是多元的也是立体的，增强微时代大学生价值观教育效果，需要注重对教育信息的多元深入挖掘。

3. 微时代大学生价值观教育对象的主体性特征明显化

微时代大学生价值观教育对象的主体性特征主要是指受教育者在教育过程中因主动选择、主动学习和主动表达而表现出的更加明显的主体地位。微时代个体进入媒介载体几乎"零障碍"，无论性别、年龄、学历、职业如何，都可以通过微信、微博等平台进行活动，无论是社会名人还是普通大众，都可以通过微信、微博等发表一段文字、视频，发起一项活动。微时代信息传播的方式颠覆了传统现实社会奉行的权威意识，双方地位的平等使得受教育者更加主动积极地去发表自己的见解，借助各种微媒介按自己的需求为自己充电，而此时，教育者的身份就由"主宰者"转变为"引路人"。教育者传播科学的思维方式，引导、说服受教育者选择、接受合理科学的信息，但选择什么、如何选择在于受教育者自身。

第二节 微时代大学生价值观教育面临的挑战与机遇

一、微时代大学生价值观教育面临的挑战

微时代大学生价值观教育主要面临微传递去中心化冲击大学生价值观教育的内容、微传递碎片化制约大学生价值观教育的系统性、微信息"茧房"式传递消解大学生价值观教育的作用等挑战。

（一）微传递去中心化冲击大学生价值观教育的内容

微传递去中心化是指微时代信息传递中心由权威中心向大众中心转移而形成的一种信息多元、多样的现象。微时代人人都可以成为信息传递的中心，将使微媒介成为垃圾信息的生产场和信息垃圾的中转站，多元、多样、娱乐化的信息挑战着大学生价值观教育内容的权威性。

1. 微媒介低门槛准入滋生的垃圾信息冲击着大学生价值观教育内容的科学性

微信、微博等的低门槛准入，移动终端设备的更新普及，使得任何人在任何时候、任何地点都可以通过微媒介进行信息交流与传播。这种低门槛准入使得微信、微博等微媒介不但成为优质信息的发源地，更是垃圾信息的生产场。而微信、微博等又是一种新生事物，教育工作者对此暂时还未给予足够重视，在短时间内可能很难对这些信息进行严格把关、筛选过滤，从而给了某些人利用微信、微博等传递垃圾信息和反动言论的机会。具体体现在：一方面，通过微信、微博等传递的垃圾信息因迎合了某些看客的特殊心理，得以迅速、及时、裂变式传播；另一方面，微信、微博等传递信息的便利性、盲目性给了某些不法分子利用这些平台传递腐朽思想、西方不良价值观的机会。在这个充满无限选择的时代，统治一切的不是具体内容，而是人们寻找内容的各种方式，当人们被大量信息包围时，会难以分辨应该关注的焦点，于是注意力而非信息就成了稀有资源，那些能够从

混杂的背景中分辨出有价值的信息的人就掌握着力量。大学生正处在价值观的形成时期，科学的思维方式尚未形成，对纷繁复杂的网络信息还不能进行正确判断与合理选择，这些信息充斥在他们周围，迷惑其视线，使其难免不受影响。垃圾信息会干扰大学生的价值取向，甚至引发校园群体事件，威胁校园安全。

2. 微传递不对称性产生的信息垃圾冲击着大学生价值观教育内容的有效性

微媒体传递数据信息依托的是互联网，而互联网信息传递最大的特点就是数据量庞大，但数据量庞大并不代表有效信息量和信息的价值量就大，很有可能只是信息垃圾的泛滥，即微媒体传递的数据的数量和质量不对称。具体体现在：其一，重复传递持续不断。微时代与其他传媒时代相比，信息传递效率明显提升，但在微圈中传递信息也具有局限性，即辐射范围相对较小，通过微信、微博等转发的信息只有彼此关注的人才能看到，因此，各个微圈的相对独立性就造成了信息的重复传递，而重复传递次数太多，即使是积极内容也容易让接收者产生抵触心理，消解信息本身的积极作用。其二，无效传递此消彼长。微应用的广泛使用使其几乎成为人手必备的交流工具，以此为根据，每个人都有可能接收到来自第三方的莫名信息，而以网络为依托的微媒介被打上了网络虚拟性的印记，接收到这样信息的人对于信息的真实性难免产生怀疑，降低了信息持续传递的可能性，致使信息传递流于形式。因此，即使部分教育者积极改变大学生价值观教育方式，积极利用微媒介开展大学生价值观教育，微传递的不对称性也会消解大学生价值观教育内容本身的积极作用。

3. 微内容的娱乐性冲击着大学生价值观教育内容的理论权威性

大学生价值观教育是大学生思想政治教育的主体内容，也是维护国家意识形态安全的强有力手段。作为培养大学生正确思想观念的得力方式，大学生价值观教育是任何国家、任何政党都高度重视的一项事业，因此，大学生价值观教育的政治使命就决定了日常价值观教育必须具有理论性和权威性。但微时代碎片化、庸俗化、娱乐化的信息因迎合了看客心理而广受追捧，理论化、系统化、权威化的价值观教育内容却并不受重视。如何在微时代信息碎片化、娱乐化的大背景下，巩固大学生价值观教育的权威地位，提高大学生价值观教育的实效性，是思政工作者面临的又一挑战。

（二）微传递碎片化制约大学生价值观教育的系统性

微时代利用微信、微博等媒介传递信息具有时长限制，这就使得微信息传递呈现出碎片化的特征，碎片化的内容导致大学生养成了跳跃式、片段式的阅读习惯，冲击了大学生价值观教育的系统性。

1. 片段式阅读习惯制约了大学生价值观教育的连贯性

在微时代环境下，大学生在海量信息、即时信息面前，大脑变成了硬盘和信息的存储器，外界零散信息通过微载体、微媒介在大学生头脑中暂时储存，零散信息的低关联性，正逐步消解个体接受的系统教育的作用。这主要体现在两个方面。第一，从时间上消解教育的连贯性与系统性。随着社会的进步、个体压力的激增、任务的明显加重，个体的时间正被无限地碎片化，而微时代这种片段式的信息传递使得个体在碎片化的 10 分钟、20 分钟内完成少量阅读成为可能。但思维和行为的快速转换影响了个体的连贯思维，也制约着教育的连贯性作用。第二，从内容上消解教育的连贯性与系统性。传统教育在各个环节、各个要素上都是相互联系的，而微时代个体受到的环境信息的影响却是相对独立的。这不仅表现在个体被动地接收信息，而且相对独立的信息也不利于大学生进行相关反思、追问，不利于探求其价值和意义，这种不分析、不辨别、不思考的习惯正在弱化大学生的深度阅读能力，缩短了其注意力的持续时间。

2. 跳跃式阅读习惯影响了大学生价值观教育的逻辑性

微媒体是在新媒体基础上的向前发展，它既继承了新媒体的众多特点，又发展出自己的微特点，体现为阅读方式上更加快速、便捷，阅读内容上更加直观、简洁。信息接收方式的改变往往会推动思维方式的改变，跳跃式阅读方式的养成往往会制约系统思维方式发挥作用。虽然以跳跃式思维阅读超文本也有助于大脑形象思维能力的锻炼和提高、拓展大学生的知识涉猎面，但当人们被大量信息包围时，注意力而非信息就成了稀有资源，在浩瀚的信息面前，注意力不能及时集中，势必消解价值观教育中科学价值判断的力量。而大学生又正处于系统思维方式的塑造阶段，独立的系统思维方式尚未形成，他们的注意力本就不易集中，在众多文本信息的辐射中，其阅读注意力更多地放在了文本与文本的链接上，最后迷失了方向，忘记了阅读的初始目的，这不利于大脑进行深入思考和缜密推理，从而阻碍了价值观教育的纵深发展，影响了大学生价值观教育的逻辑性。

（三）微信息"茧房"式传递消解大学生价值观教育的作用

将"茧房"一词用在信息传播与人际交流中指的是在浩瀚的信息流中人们会习惯性地根据自己的兴趣指引，将自己的生活桎梏于类似蚕茧一般的"茧房"中的现象。

1. 消解大学生价值观教育引导个体价值判断、价值选择与价值追求的作用

开展大学生价值观教育旨在通过价值观教育活动帮助大学生树立合理的、科学的价值观，指导大学生社会实践活动朝着正确的方向发展。在微时代环境下受复杂社会环境的影响，大学生价值观教育不但强调要教会学生掌握科学、合理的价值观内容，而且强调帮助学生提升价值判断能力、价值选择能力，学会对复杂的信息去粗取精、去伪存真，培养科学的思维方式。

但目前随着网络技术的发展、微媒介的普及，网络圈群正以其方便、快捷、保护隐私等特点受到大学生的追捧。在给大学生的网络社交带来便利的同时，这些相对独立的网络圈群也形成了微时代信息传播的独立"小茧房"。小茧房的相对封闭性和排异性，使得外界的监管难以深入其中，趁此机会，一些别有用心的人就绕过管理部门的监督，将一些负面的、低俗的信息直接呈现到虚拟的网络圈群中去。面对复杂的信息，一些缺乏价值判断能力的大学生盲目跟帖、转载，使得这些信息在大学生群体间传递、扩散。这不但不利于大学生价值判断能力、价值选择能力的培养，而且还会瓦解大学生尚未完全成熟的价值观，消解大学生价值观教育引导个体价值判断、价值选择、价值追求的作用。

2. 通过改变局部舆论环境消解大学生价值观教育的作用

个体在公众场合表达意见时容易形成"沉默螺旋"效应，即一个人在公众场合表达自己的观点时，会首先判断自己的意见是否合理且属于"多数派"，如果属于，则可能倾向于大胆自信地表达自己的想法和观点，反之，则可能会因感觉被孤立而保持沉默，几经循环，占优势地位的意见力量越来越强大，而持劣势意见的人发出的声音则越来越弱小，直至从公众舆论中消失。进入微时代，受众从众心理的动因仍然存在，且各种微媒介的普及为受众从众行为提供了便利，如果这样的心理过程在社会公众中扩散、循环，势必使强者越强、弱者越弱，而强者往往在群体中发挥着意见领袖的作用，拥有众多的信众，通常情况下他的观点也都是合理的。但个体处在复杂的社会环境中，受外界因素和个人利益驱使，意见领袖的观点随时都在发生变化，而意见领袖的非权力影响力可能会迷惑那些缺乏

价值判断力的受众，造成盲目追随，相对封闭的微群体使外界监管失去效力，给舆论环境安全带来了新隐患。

从长期来看，微媒介的使用主体中大学生占大多数，局部舆论环境的变化势必通过这部分人带动高校舆论环境的变化，大学生的社会影响力以及变化了的高校舆论环境又会引导社会舆论环境的发展方向，并持续影响社会舆论环境的发展进程。同时网络圈群自身登记制度的不健全也隐藏着威胁社会舆论安全的新隐患，具体体现在：账号注册制度不完善，建群成本比较低，群成员身份审核环节不严密等因素，有可能导致在相对封闭的网络圈群中，诸如历史虚无主义、民族虚无主义、新自由主义等西方社会思潮就会避开督察人员的审查，直接进入网络圈群形成一个个相对封闭的小茧房，并力图在环境的熏陶下改变大学生的思维方式和行为方式，从而在根本上摧毁我国未来建设的主力军。而且大学生极具想象力和创造力，对新生事物又充满着浓厚的兴趣，其价值观念极易受到网络新生事物的影响，其本人也极易被别有用心的人鼓动、利用，成为他们无声的发言人。可见，微信息在网络圈群中传播的相对封闭性和外界监管的滞后性，也通过大学生以及所形成的高校舆论环境对社会舆论环境产生新的影响，逐步消解大学生价值观教育的作用。

二、微时代大学生价值观教育面临的机遇

（一）微信息的多元化丰富了大学生价值观教育的内容

伴随着科技的进步和社会的发展，人与人之间的竞争日益激烈，在日益激烈的社会竞争中谁掌握的信息越多谁就越占优势。

1. 微内容"新、奇、特"，创新了大学生价值观教育思维

在微媒介的推动下，大量前后不一定有关联的碎片化信息，就成为微时代信息传递的主要内容，这些内容中有最新的社会信息，有启发人心智的美文，并且还配以语音、视频、图像等方式进行传播，满足了不同主体的不同需求。其中，大学生作为微时代的主力军，加快的生活节奏要求他们在有限的时间内要尽可能多地获得信息，完善自己的知识结构。微内容的这种新颖性和特别的传递方式为满足大学生的这种需求、创新大学生价值观教育思维提供了借鉴，具体体现为以下两点。第一，既然大学生对最新的社会信息敏感，对传统的价值观教育内容反感，那么，教育者在组织教育内容时，就要注意将价值观教育内容融于最新的微案例中，通过剖析个别微案例，帮助大学生掌握价值观教育内容，培养学生的思

辨思维，达到价值观教育内容因势利导却又万变不离其宗。第二，既然学生热衷于新颖的传播方式，对传统的课堂教学方式兴趣渐失，那么，教育者在选择价值观教育方式时，就要考虑学生的喜好和倾向，如选择、利用微媒介来传递价值观教育内容，通过微媒介来加强和学生的沟通，实时监督学生的心理动向，保障价值观教育的效果。

2. 微内容"多、广、全"，丰富了大学生价值观教育素材

微时代媒介平台的开放性和载体传播的便利性，使个体接收的信息更加复杂多元，体现在内容上就是传统价值观与现代价值观交汇、社会主义核心价值观与西方价值观碰撞、主流价值观与非主流价值观交错，这些纷繁复杂的价值观内容充斥在大学生周围，给大学生价值观教育带来了挑战，但同时也为我们开展价值观教育提供了素材。发挥这些素材的正向作用，有助于提升大学生价值观教育效果，表现在：一方面，弘扬社会主义核心价值观，以社会主义核心价值观引导大学生价值观教育方向，坚定大学生的政治立场；另一方面，充分发挥反面典型对大学生价值观教育的约束、威慑作用，通过揭示西方价值观渗透我国意识形态领域的阴谋以及非主流价值观的片面性，巩固大学生价值观教育的根基，扎实推进微时代大学生价值观教育创新发展。

（二）微媒介的多样化拓展了大学生价值观教育的载体

1. 媒介形式的多样化创新了大学生价值观教育方式

微时代媒介形式多样，为教育者创新大学生价值观教育方式提供了机遇。在微时代，教育者可以利用微信、微博传递积极向上的且可读性、趣味性强的内容，加强和大学生的情感交流，避免大学生对传统价值观教育形成抵触心理。微信、微博等最大的优势就是可以把传统的教育教学和管理工作搬上网络，依托互联网的交互便捷性，教育者与学生之间可以实现在线互动交流，交换各种信息及资源，使教育者在及时了解学生所思所想、走进学生心灵世界的同时，也能及时解决他们的情感困惑，及时回答他们提出的学术性理论问题。在情感搭桥的基础上，教育者有意识地传递积极向上，可读性、趣味性较强的价值观教育内容，势必能提高大学生对其的关注度，提升大学生对价值观教育内容的兴趣。

2. 媒介功能的多样化拓展了大学生价值观教育途径

微博传递信息的便利性，给高校利用校园官方微博及时传递正面教育内容、提升大学生的理论素养、引导大学生的实践方向提供了可能。高校借助校园官方微博对学生进行潜移默化的理论教育和积极的实践指导，直接、明确地实现了价值观教育进头脑、渗心灵，有效地改变了部分大学生已渐扭曲的价值观。在实践上，校园官方微博应以满足大学生的成长需求为目的，在充分考虑大学生热衷于表现个性、展示自我等特点的前提下，灵活运用网络技术创新服务模式，组织贴近大学生接受心理和习惯的实践活动，引导大学生用价值观教育内容去指导社会实践。

（三）微传播的独特性增强了大学生价值观教育的实效性

1. 微传播的便捷性保障了大学生价值观教育效果

微时代，人人都是麦克风，大学生更是喜欢通过微朋友圈"秀"生活、"秀"快乐、"秀"心情，微语言是大学生心理世界的折射，也是大学生思想价值观念的集中展现，它为大学生价值观教育工作的开展提供了重要的线索。在传统的价值观教育活动中，可能通过一次座谈会、一次交流会等人们就能敞开心扉、畅谈所思所想，价值观教育效果就能达成，但是随着社会的进步，人际交往圈子逐渐扩大，人与人之间的信任关系也由亲人、同学、朋友间的强关系向网友、微友等弱关系转化。随之而来的人们之间的戒备心理更加突出，大学生一直处在这样一种环境，而教育者由于在传统教育中的权威地位具有相对稳定性，在微时代大学生价值观教育中并未及时建立起与受教育者之间的强关系，受教育者对教育者也存在着类似网友、微友的戒备心理，在受教育者的心理戒备状态下，价值观教育效果将大打折扣。而微传播形式的便捷性、隐蔽性有效弥补了这一缺陷，借助微信、微博等，教育者可以洞察个体的心理变化，把握个体心理现状，随时随地与学生进行沟通，消除学生的心理隔阂，最终畅通交流渠道，达成教育目标。

2. 微传播的互动性增强了大学生价值观教育实效

在微时代的信息传播过程中，大学生不但可以接收信息、评价信息，还可以转载信息、发布信息、讨论信息，在这种交流互动的过程中，大学生的主体地位往往是非常平等的，这既满足了大学生的社交需要，也满足了大学生希望获得尊重的心理需求，尊重的满足推动着大学生的自我实现。而网络技术和移动互联网技术的发展、载体的更新、新媒介的出现为大学生理性实现自我提供了可能。载体的更新为大学生理性实现自我提供了多种途径，新媒介的出现为大学生提供了沟通交流的平台，载体媒介的合理利用促进了大学生的心理成长和发展，同时微媒介受到追捧也给大学生提供了展示风采的机会。大学生大都具有很好的想象力和创造力，对新生事物充满好奇，依托微媒介大学生可以用自己的实际行动去赢得尊重，感悟"高峰体验"式情感，进而增强成就感和自豪感。

第三节　微时代大学生价值观教育存在的问题及其原因

为了了解微时代大学生价值观教育的现状，我国学者针对重庆市部分高校大学生进行了抽样调查。这次调查在某大学、某邮电大学、某外国语大学、某师范大学、某财经职业学院共发放问卷 600 份，回收 589 份，有效问卷 555 份，问卷回收率 98.1%，问卷有效率 92.5%。[①] 根据调查结果，本节对微时代大学生价值观教育存在的问题及原因进行了深入分析，为开展微时代大学生价值观教育奠定了基础。

一、微时代大学生价值观教育存在的问题

（一）大学生知识价值观、人生价值观、就业价值观出现了偏差

微时代大学生价值观既延续了大学生价值观的部分优良传统，又在微时代的背景下凸显出了一些新特征。总体来看，大学生主流价值观仍然积极、健康、向上，如大学生正在并乐于接受马克思主义中国化的最新理论成果的指导，认为这是指导我国革命和建设的理论基础，也是推动我们实现中华民族伟大复兴的重要支撑；他们依然认同中国特色社会主义共同理想，认为中国共产党是全心全意为人民服务的政党；在社会主义核心价值观的引领下，他们依旧具有高度的爱国热情和高尚的社会主义伦理道德等，但一些价值偏失现象也依然存在，体现在与大学生日常生活最为贴近的知识价值观、就业价值观和人生价值观等方面。

1. 部分大学生的知识价值观出现了偏失

对于知识的价值，不同的学者有不同的认识，但总的来说，他们对知识价值观的认识基本一致，他们认为知识价值观是主体以自己的需要为基础而形成的对知识重要性的认识，[②] 正确的知识价值观应该是认为知识有价值且肯定智力劳动

① 冉龙燕. 微时代大学生价值观教育研究 [D]. 重庆：西南大学，2017.
② 黄希庭，郑涌，等. 当代中国青年价值观研究 [M]. 北京：人民教育出版社，2005.

和智力创造的一种观点。一般来说，一个人的知识价值观由知识价值目标、知识价值手段和知识价值评价三种基本的心理成分构成，知识价值目标指的是个体思考、确定自己学习、追求知识所希望达到的目标，它主要回答的是"为了什么学习知识"的问题；知识价值手段指的是个体为了达到知识目标而采取的方法和途径，它主要回答的是"人怎样学到知识"的问题；知识价值评价是指个体依据一定的价值判断标准，对知识是否有价值或什么样的知识才有价值所做出的判断，它主要回答的是"什么知识有价值或价值大小"的问题。其中，知识价值目标是核心，它指引个体知识价值观发展的方向；知识价值评价是关键，它直接决定个体对待科学知识所采取的态度和行为，知识价值目标、知识价值手段和知识价值评价共同制约个体的知识价值观。大学生接受过良好的知识教育，理应树立实现国家发展大计的知识价值目标，采取推动社会可持续发展的知识价值手段，客观评价知识的价值，主动学习科学文化知识。但当前在微时代环境下，大学生的知识价值观出现了偏失，表现在以下三个方面。

第一，知识价值目标定位不合理。当被问及"你学习是为了什么？"时，60.22%的大学生认为是为了实现职业理想和谋求社会地位，9.68%的大学生认为是为了向祖国和社会贡献力量，9.68%的大学生认为是为了不辜负老师和家长的期望，1.08%的大学生认为是为了避免留级或退学，4.3%的大学生认为是为了专业上能有所成就，另外还有15.04%的大学生处于迷茫或不清楚的状态，这在一定程度上反映了当前大学生知识价值目标泛化且定位不合理的现状，部分大学生认为学习的目的就是实现个人的职业理想、谋求个人的社会地位，这与大学生价值观教育目标背道而驰。

第二，知识价值手段随意化。当被问及"你更倾向于接收以哪种形式传递的信息？"时，超过70%的大学生倾向于接收以图片、视频等形式传递的信息，只有27.96%的大学生乐意接收文字信息。这在一定程度上反映出受当前媒介环境影响，大学生获取知识、信息的渠道越来越多样，多样化的接收渠道为大学生获取知识提供了便利，图片、视频等形式使传递的内容形象、生动，也有助于提高个体的信息接收率，但图片、视频传递的信息含量少且信息持续性较差，无疑让大学生学习知识变得更加极速化和随意化。

第三，知识价值评价主观化。在今天看来，知识的重要性已毋庸置疑，但选择学习什么知识、哪些知识对自己最有价值却容易受到大学生主观体验的影响，如当被问及"你是否会用你所接受的价值观教育内容指导自己的实践？"时，

43.01% 的人选择看情况而定，这在一定程度上反映了大学生对价值观教育内容的社会实效性产生了怀疑，知识价值评价主观化倾向明显，缺乏社会责任感和国家使命感。

2. 部分大学生的人生价值观出现了偏差

人生价值观是人们在评价个体实践活动所具有的价值属性时所持有的根本观点和看法。随着我国社会主义改革的深入，科学的人生价值观内容也在与时俱进。当前，科学的人生价值观，就是从人民群众的根本利益出发，以人类社会发展的客观规律为依据，以马列主义、毛泽东思想、邓小平理论、"三个代表"重要思想、科学发展观、习近平新时代中国特色社会主义思想为指导，把实现共产主义作为人生最高理想，把全心全意为人民服务作为人生的目标，把集体主义作为人生原则。[①] 科学的人生价值观包括人们对待生命的价值观内容和对待人生意义的价值观内容，它要求人们尊重生命，有远大的人生目标，正确认识人生价值，树立积极的人生态度。但伴随着社会、经济的迅猛发展，部分大学生的人生价值观出现了偏差。

3. 部分大学生的就业价值观出现了扭曲

就业观念是人类社会发展到一定历史阶段的产物，是就业主体对选择某种职业的认可程度，对某种职业的社会地位、工作待遇等方面的最基本的判断。大学生就业价值观就是大学生在个体就业价值观念的影响下，选择某种职业时所依据的基本判断标准，大学生树立什么样的就业价值观对大学生的职业选择具有重要影响。从结构上看，理性的就业价值观应该包括以下内容：崇高的就业理想、高度的专业自信、乐观的就业价值取向、积极的就业实现方式。但随着互联网的普及和发展，网络微环境开始影响大学生的就业选择，大学生在求职过程中过多重视现实经济利益，把经济收入的高低作为衡量个体人生价值实现与否的主要标志，就业价值观逐渐歪曲。具体表现为以下几点。

第一，就业理想庸俗化。大学生就业理想是大学生在一定的世界观、人生观指导下，对自己将从事的职业所做的设想和规划，包括就业地域、薪资期望、预期工作状态等方面。大学生树立崇高的就业理想，不仅有助于充分发挥个人才能，而且有助于提升社会主义现代化强国建设的总体水平。但在此次调查中，正如表4-1 所示，在目前整体就业形势较为严峻的情况下，仍有超过 50% 的被调查者乐意把工作首选地点定在经济发展水平较高、生活条件较好的一、二线城市，且

---

① 房广顺，等 . 当代大学生人生观教育研究 [M]. 沈阳：辽宁人民出版社，2011.

较少有人愿意从基层起步。例如当被问及"就业后，你是否愿意从基层做起？"时，只有16.13%的被调查者表示愿意，83.87%的被调查者表示不愿意，这在一定程度上反映了部分大学生的就业期望庸俗化，在求职过程中过度看重地域因素、社会地位等。在微时代背景下，大学生的艰苦奋斗观念呈现出逐渐淡化的趋势。

表4-1　关于就业问题的调查

问题：将来就业，你首选什么地方？			
一线城市（北京、上海、广州、深圳）	二线城市（杭州、南京）	三线城市（贵阳、南宁）	四线城市
15.9%	55.7%	22.1%	6.3%
问题：就业后，你是否愿意从基层做起？			
愿意		不愿意	
16.13%		83.87%	

第二，专业自信度不高。专业自信度是大学生在求职过程中对自己、对自己所学专业和对社会需求等的了解、认知及评价，大学生只有正确认知自己的能力、正确认知自己所学专业的就业前景与社会需求，才能形成正确的就业价值观，进而做出合理的就业选择。但在此次调查中，正如表4-2所示，多数大学生都展现出对自己所学专业就业前景的担忧，尤其是法学、教育、哲学、史学等专业的学生，专业自信度非常低，可见在微环境影响下加强大学生的专业自信教育非常必要。

表4-2　关于专业类型及其就业前景的调查

问题：你如何看待自己所学专业的就业前景？			
	前景非常乐观	比较担忧	就业形势很严峻
理工类	31.58%	57.89%	10.53%
法学、教育类	3.03%	39.39%	57.58%
经济、管理类	30%	50%	20%
文学、艺术类	9.52%	66.67%	23.81%

问题：你如何看待自己所学专业的就业前景？			
	前景非常乐观	比较担忧	就业形势很严峻
哲学、史学类	0%	66.67%	33.33%
农学、医学类	25%	50%	25%

第三，就业价值取向消极。就业价值取向是大学生在求职过程中面对各种阻碍因素时，所表现出来的一种倾向性态度，求职过程中大学生积极、乐观的就业价值取向能有效提升就业率和个人职业满意度。但在本次调查中，正如表4-3所示，在实现自我价值的过程中倾向于靠自己努力奋斗的人较少，还有很大一部分人即使认为应该靠自己努力，同时也希望获得别人的帮助，如当被问及"在实现自我价值的过程中，你更倾向于？"时，只有25.81%的被调查者表示要靠自己努力奋斗，70.97%的被调查者表示"自己努力为主，别人帮忙为辅"，这在一定程度上反映出部分大学生就业价值取向消极，对个人能力缺乏信心，可见，在微环境下加强大学生的自信教育，帮助大学生树立积极的就业价值取向尤为重要。

表4-3　关于自我价值实现的内容

问题：在实现自我价值的过程中，你更倾向于？			
靠自己努力奋斗	自己努力为主，别人帮忙为辅	被人帮助为主，自己努力为辅	其他
25.81%	70.97%	2.15%	1.07%

第四，就业实现方式被动。就业实现方式是大学生为实现特定职业目标而对求职途径、手段、方法等的认知与抉择，它是大学生就业价值观中最显性、最直接的因素。大学生在国家、社会、学校、家庭的精心培育下成长为一颗冉冉升起的明星，面对求职理应积极发挥自身积极性主动参与职业选择和职业竞争。但调查显示，见表4-4，为求方便、快捷，大多数的被调查者会选择靠关系、走后门，如当被问及"在生活中，你会不会为了方便做一件事而走后门？"时，74.19%的被调查者表示会，只有25.81%的被调查者表示不会，这在一定程度上反映出部分大学生的就业实现方式被动，对个人实力缺乏自信。

表 4-4　关于走后门的调查

问题：在生活中，你会不会为了方便做一件事而走后门？	
会	不会
74.19%	25.81%

综上而言，在微时代环境下，诸如微信息内容等各因素都会影响大学生在求职过程中的职业选择，消解大学生的个人自信、专业自信，使大学生的就业期望庸俗化，因此，在微时代环境下加强大学生的价值观教育，帮助大学生树立正确的就业价值观尤为重要。

（二）大学生价值观教育目标定位模糊

教育目标是教育活动中带有根本性、方向性的问题，它规定教育内容、制约教育效果。微时代大学生价值观教育目标决定着大学生价值观教育活动应选取什么内容作为教育素材，应培养具备何种能力的个体，但笔者在查阅本学科专业教材、近五年发表的学术期刊和论文后，发现论述微时代大学生价值观教育目标的文章相当少，微时代大学生价值观教育目标定位十分模糊。在学科专业教材方面，学者们是把大学生价值观教育作为大学生思想政治教育的一部分进行论述的，当然大学生价值观教育的目标也就统筹在大学生思想政治教育目标中，即"提高人们认识世界和改造世界的能力，在改造客观世界的同时改造人们的主观世界"或"提高人们的思想道德素质，促进人的自由全面发展，激励人们为建设中国特色社会主义、最终实现共产主义而奋斗"。在近五年发表的学术期刊论文和出版的专著中，如表 4-5 所示，鲜有学者论及微时代大学生价值观教育的目标，即使在部分专著中有所涉及，学者们也是在自己构建的知识框架内，定制本框架内的价值观教育目标，或者是对大学生价值观教育的目标定位没有考虑"微时代"的特殊性。这在一定程度上说明了学者们关于微时代大学生价值观教育目标的研究不足，导致微时代大学生价值观教育目标定位模糊，部分学者主张用当前社会的核心价值观主导大学生价值观教育，亦容易造成大学生价值观教育的阶段性脱节。

表 4-5　近五年发表的学术期刊论文和出版的专著中关于大学生价值观教育目标的论述

类别	篇名/书名	作者	时间	刊物/出版社	内容
学术期刊论文	《论增强大学生价值观教育实效性的三个基本要求》	胡咚、万美容	2015 年	《学校党建与思想政治教育》	当前大学生价值观教育的目标应以培育和践行社会主义核心价值观为统一导向，并将其要求融入具体的目标预设当中，构建多层次目标体系。
	《我国大学生价值观教育目标体系及构建原则》	张兴海	2012 年	《思想教育研究》	当前大学生价值观教育的基础目标：使大学生具备较好的社会公德观念、具备基本的价值判断和价值选择能力。主要目标：培养学生正确的世界观、人生观、爱国主义价值观，具有较强的价值判断和选择能力。主导目标：培养集体主义、社会主义核心价值观，具备很强的价值判断和价值选择能力，深入理解社会主义核心价值体系。理想目标：树立共产主义理想，具有很强的价值判断能力和价值选择能力。
专著	《青年价值观教育研究》	石海兵	2007 年	安徽人民出版社	新时期中国青年价值观教育的基础目标：培养青年良好的公德意识。主导目标：培养青年爱国主义、集体主义、社会主义的价值观。最高目标：培养青年的共产主义价值观。
	《青少年价值观教育研究》	刘济良	2003 年	广东教育出版社	价值观教育的基础——走进生活；价值观教育的本真——关注生命；价值观教育的追求——提升精神；价值观教育的灵魂——重塑信仰。

（三）大学生价值观教育内容与大学生的关注点相分离

微时代大学生价值观教育的内容既要与大学生价值观教育的目标和要求相适应，又要反映微时代大学生价值观教育的特点，体现大学生的现实需求。因此，微时代大学生价值观教育内容必须在继承原有教育内容的基础上，融入新的反映微时代社会发展要求的教育内容。在微时代大学生价值观教育的实践活动中，微时代大学生价值观教育内容非常全面，涵盖了择业就业、婚恋、消费等众多方面，但在实际生活中，大学生很少会用这些内容去指导自己的实践。如当被问及"在生活中，你是否会用微时代大学生价值观教育内容指导自己的实践活动？"时，只有55.91%的被调查者坚定地回答会用日常接受的价值观教育内容指导实践，还有43.01%的被调查者对此表示犹豫（见表4-6），这在某种程度上反映出大学生对目前的价值观教育内容的认同度较低。而在日常的网络生活中，大学生还关注新闻资讯等一些与时俱进的内容，对于其中的疑惑之处，大部分学生也希望任课老师能利用课堂时间进行解答，如当被问及"你是否希望任课老师在课堂上解答日常网络生活中遇到的问题？"时，67.74%的被调查者表示希望，只有8.6%的被调查者表示不希望，这在一定程度上反映出当前大学生价值观教育内容与大学生的关注点相分离。当前的微时代大学生价值观教育内容仍然专注于传统环境下的生命价值观、人生价值观、道德价值观等内容，面对微时代这样复杂的社会环境，这些内容并没有真正解决大学生的现实诉求，反而是一些新的社会现象借助微信、微博等引发了社会公众对于人生、道德问题的讨论，与大学生的心理相呼应。对于大学生在日常网络生活中比较关注的内容，大学生价值观教育不能很好地进行引导，这就导致微时代大学生更加依赖网络讨论，逐渐丧失了对学校价值观教育活动的兴趣，正是这种循环作用致使微时代大学生价值观教育内容与客观现实相脱节的现象越发严重。

表4-6　关于微时代大学生价值观教育内容的调查

问题：在生活中，你是否会用微时代大学生价值观教育内容指导自己的实践活动？		
会	不会	看情况而定
55.91%	1.08%	43.01%
问题：你是否希望任课老师在课堂上解答日常网络生活中遇到的问题？		
希望	不希望	无所谓
67.74%	8.6%	24.16%

（四）运用微媒介开展教育不充分

方法是引导人们实现目标所必不可少的手段，正确的方法对实现目标起着事半功倍、锦上添花的作用。如果把大学生价值观教育目标看成一个复合函数，那么影响这个函数值的变量就有很多，包括教育者、受教育者、教育内容、教育方法、教育环境、教育过程中的人际关系等，其中教育方法则是贯穿、连接各个因素的主线，是使教育环境发生积极作用的主渠道。微时代环境下，大学生价值观教育环境发生了重要变化——互联网的开放性、各种微工具的广泛使用，使得网络信息快速传播，微媒介极隐蔽的交互功能为某些言论侵蚀大学生的思想提供了机会，微媒介利用文本、声音、图像等多种传播形态吸引了学生的注意，因此，为了保障微时代大学生价值观教育的效果，就必须改革传统教育方法，积极推进教育方法创新。在微时代环境下，当前的大学生价值观教育活动仍然秉承传统的教育方式，受大环境变化的影响，大学生对这些方式的认可度并不高，如当被问及"你认为当前大学生价值观教育形式的教育效果如何？"时，只有 15.05% 的被调查者表示非常好，将近80%的被调查者认为当前的大学生价值观教育形式效果一般，如表 4-7 所示。可见，在微时代环境下，大学生对传统大学生价值观教育方式的认可度并不高。大学生频繁利用微信、微博等微媒介，其中很大一部分人认为利用微信、微博等微媒介能有效提升大学生价值观教育效果，但这并未引起高校教育者的重视，可见，微时代环境下，大学生价值观教育方法传统、保守，对微媒介教育功能的挖掘不够深入。

表 4-7　关于微时代大学生价值观教育形式的调查

问题：你认为当前大学生价值观教育形式的教育效果如何？		
非常好	一般	很不好
15.05%	79.57%	5.38%

二、微时代大学生价值观教育存在问题的原因

价值观属于意识形态范畴，是个体自发形成的，并在社会环境影响下随着环境的改变而逐渐变化。当今国际国内形势变幻莫测，经济的发展、科技的进步推动实现经济全球化、信息全球化，各种资讯可以在几分钟之内传遍地球的每一个角落，地球俨然成为"地球村"。在这种汹涌澎湃的国际化浪潮中，我国也在积

极响应号召，大力推进改革开放，而当代大学生正是在这样的环境下成长起来的一代人。对外开放引进大量资源，同时各种西方的社会思潮和价值观也趁此机会涌入我国，这必然渗透并改变大学生的价值取向。因此，作为教育工作者认清社会发展的形势，厘清影响大学生价值观的各种因素，对开展大学生价值观教育、帮助他们树立正确的价值观具有重要意义。

（一）教育环境的负面影响

网络信息复杂，科学与伪科学并存，这使得大学生在搜索信息时，容易受到不良信息的影响。例如，朋友圈中的"炫富"行为可能会扭曲大学生的价值观和就业观，导致他们过度重视金钱。同时，网络信息的多样化形式虽然吸引了大学生的注意力，但也致使他们的注意力短暂，进而影响了他们的学习态度和目标。此外，西方国家利用其信息技术优势，通过网络传播其意识形态和价值观念，这可能会使大学生原本就不稳健的学习和就业观念发生偏移。

因此，我们需要对网络信息进行适当的筛选和监管，以减少其对大学生的负面影响。同时，我们也需要加强对大学生的教育和引导，帮助他们树立正确的价值观和就业观，以应对网络信息的挑战。

（二）教育者微媒介素养不高

在大学生价值观教育过程中，如果教育者能够恰当地运用各种微媒介，将对改变大学生价值观教育现状、提升大学生价值观教育效果起到事半功倍的作用。微时代各种微载体、微媒介的发展深深影响着人们的思维方式、行为方式和生活方式，各种社会要素都可以借助微媒介广泛、迅速地传播，并且引发人们的讨论、追问，但是价值观教育活动未及时跟进响应，这就导致了价值观教育内容与学生的关注点相脱节，具体体现在如下两方面。

一方面，教育者对微媒介的教育功能开发不足。进入微时代，慕课、易班、翻转课堂等微教育理念纷至沓来，部分高校也在积极组织教育者观摩学习，但这些微理念并未真正融入课堂教学或日常教学中。

另一方面，缺乏对微媒介的有效管理，制约了大学生价值观教育效果。微媒介、载体作为信息传播中介是虚拟、隐蔽的，通过微媒介、载体传递的信息也是易逝的，目前来看，教育者在整个过程中的有效引导是非常有限的。可见，教育者的微媒介素养欠缺，是微时代制约大学生价值观教育效果的重要方面，微时代开展大学生价值观教育首先需要提升教育者的微媒介素养。

（三）教育评价单一偏颇

大学生价值观教育活动是人类一项有目的的实践活动，开展大学生价值观教育实践活动必然离不开价值观教育评估及评估体系，即使在微时代环境下，评估体系和指标设计是否合理对教育目标能否实现亦甚为关键。有学者指出，由于价值观教育的评估对象和评估目的不同，一般来说，在进行大学生价值观教育评估时采用的评估指标体系也各不相同，但大体上从这三个方面来设立：一是价值观教育主体方面；二是价值观教育过程方面；三是价值观教育效果方面。其中，价值观教育效果是核心。这种评估指向是不合理的，其不合理性具体体现在以下几个方面。

第一，微时代大学生价值观教育中，假如是领导重视的、教育者擅长的，就投入大量的人力、物力、财力去开展，这种设计不合理。虽然领导具备较高的政治素质和理论素质，通常情况下，他们制定的大学生价值观教育大纲、核定的价值观教育内容不会有偏失，但价值观教育活动属于上层建筑，它之所以能够指导社会实践活动，是因为它源于社会实践活动。而进入微时代，社会环境发生了变化，社会实践活动的方式也发生了变化，学生的主观能动性得到了极大发挥，此时此刻的大学生价值观教育评估如果仍突出强调领导、教育者等教育主体的地位显然不合理。

第二，教育过程是教育双方教学相长的过程，在微时代大学生价值观教育活动中，弱化大学生价值观教育过程，势必弱化受教主体的地位，忽视大学生的客观需求，这是不合理的。教育实践活动是一项服务活动，它是教育者在社会经济发展需求、受教育者客观需要的指引下，运用科学方法协调二者矛盾、解决二者冲突、最终为推动国民经济又好又快发展服务的活动。人民群众是社会历史的创造者，是社会物质财富和精神财富的创造者，其中大学生是主体，如果在当前的大学生价值观教育活动中忽视了大学生的主体地位，忽视了他们的客观需求，不积极引导他们的价值观，试问国民经济的发展、中华民族的梦想又由谁来实现呢？因此，在微时代大学生价值观教育实践活动中，弱化大学生的客观要求是不合理的。

第三，大学生价值观教育效果是多方面因素综合作用的结果，在大学生价值观教育评估体系中将其纳为核心环节进行考核，这是不合理的。大学生价值观教育的总目标是使大学生树立科学的、正确的价值观，而受教主体的综合素质对这个目标的实现具有重要影响，同时，大学生价值观教育活动改变的是大学生的思想意识状态，而这是一个十分漫长的过程。因此，在大学生价值观教育评估体系中，只能将价值观教育的阶段性效果列为参考，将其作为核心内容是不合理的。

综上所述，在微时代环境下，教育环境、受教主体的思维状况等要素都发生了重要变化，此时的大学生价值观教育评估，应根据教育环境和受教主体的变化而与时俱进地发展，突出受教主体与教育过程的重要性和地位。

第四节　微时代大学生价值观教育的对策

要想提升微时代大学生价值观教育的实效性，必须明确微时代大学生价值观教育的基本要求，选好微时代大学生价值观教育的方法，采取有针对性的微时代大学生价值观教育举措。

一、微时代大学生价值观教育的基本要求

大学生价值观教育是一个永恒的实践命题，不同的时代环境下大学生价值观教育有不同的实践要求，微时代对大学生价值观教育的目标、内容、方法、主体都提出了明确的要求。

（一）微时代大学生价值观教育的目标要求

微时代大学生价值观教育的目标要求旨在回答"实现什么样的目标，开展什么样的教育？"这一问题。微时代大学生价值观教育既是深究常新的时代命题，也是动态永恒的实践命题，其目标分为根本目标和具体目标。微时代大学生价值观教育的根本目标是通过价值观教育活动激发大学生的价值潜能，使大学生在思想行为上认同、理解并自觉践行社会主义核心价值观，在能力上具备非常高的价值判断和价值选择能力，在价值追求上自觉树立共产主义的远大理想，最终实现个体的自由全面发展。实现这一根本目标不能空喊口号，结合新环境将目标行动化是实现目标的有效途径。微时代大学生价值观教育的具体目标就是通过教育者对大学生价值观理论知识的传授，使其在微时代环境下具备符合时代要求的社会公德、职业道德和家庭美德，以及基本的价值判断能力和价值选择能力，能在复杂的环境中选择科学的、自己真正需要的信息。目标的具体化强调目标的可操作性和学生的主体性，即微时代大学生价值观教育的具体目

标强调将理论知识与实践活动相结合，在实践锻炼中锤炼学生的价值判断能力和价值选择能力。

（二）微时代大学生价值观教育的内容要求

微时代大学生价值观教育的内容要求主要回答"传授什么内容，解决什么问题？"这一问题。微时代大学生价值观教育既是大学生价值观教育的重要组成部分，也是大学生思想政治教育的有机组成部分，因此，微时代大学生价值观教育的内容既包含思想政治教育的基础内容，也包含微时代环境下借助新媒介载体传递的附加内容，既要与微时代大学生价值观教育的目标要求相适应，又要符合微时代大学生价值观教育的新特点。微时代大学生价值观教育的基础内容是指通识教材中传授的生命价值观、人生价值观、知识价值观、道德价值观等内容，这些内容对于提升大学生思想道德素质、完善个体人格具有重要作用，是培养大学生理想人格的沃土。因此，即使在微时代环境下开展大学生价值观教育仍需以此为基础。同时，在微时代环境下，大学生价值观教育也有其特殊性，这种特殊性体现在微时代大学生价值观教育的附加内容上。微时代大学生价值观教育的附加内容指的是微时代环境下大学生借助微媒介载体浏览的各类社会资讯，这些社会资讯以其新、奇、特等特征受到大学生的广泛追捧，对大学生科学价值观的形成起到促进或阻碍的作用。社会附加内容时时更新，是社会现实最直接的影射，大学生对此兴趣浓厚并时刻关注，如果能将其作为素材引入价值观教育课堂或者在这些附加内容中渗入主流价值理念，必定可以帮助解决部分大学生心中的疑虑或引导大学生形成科学的价值观。

（三）微时代大学生价值观教育的方法要求

微时代大学生价值观教育的方法要求主要回答"怎样传授内容，如何使效果最佳？"这一问题。方法是"人们为了认识世界和改造世界、达到一定目的所采取的活动方式、程序和手段的总和"，它是大学生价值观教育过程中不可或缺的重要因素，如果教育过程中采用的方法得当，可以使教育内容更好地为学生所接受，可以使教育课堂获得更多学生的青睐。开展大学生价值观教育，诸如理论灌输法、实践锻炼法、榜样示范法等仍是传递基础性理论知识的重要途径，并且是教学双方都较为认可的方法。因此，即使是在新的时代环境下开展价值观教育，仍需以此为主导，充分发挥主导教育方法的基础作用。同时，微时代众多新载体、微媒介的运用，也为我们提升价值观教育效果、提高教育效率提供了条件，因此，微时代环境下的大学生价值观教育活动也须采用其他教育方法，如网络灌输法——将主流价值观渗透在大学生常关注的对象中，使其在关注客观对象时潜移默化地接受主流价值观的影响。这一教育方法以情感、态度目标为导向，减弱了经典教育方法的刚性特征，增强了柔性特征，有助于激发学生的自觉性，对微时代开展大学生价值观教育可能会起到事半功倍的作用。

（四）微时代大学生价值观教育的主体要求

微时代大学生价值观教育的主体要求旨在回答"谁来实现目标，应具备何种素养？"这一问题。微时代环境下大学生价值观教育的效果受施教主体和受教主体的双重制约，教育者如何教？受教育者如何学？能否实现教育目标取决于"双主体"的共同作用以及他们身上的专业媒介素养，因此，提升微时代大学生价值观教育效果，必须提升主体的媒介素养。首先，提升教育者的专业媒介素养。在教育过程中教育者须注重对教育素材的选取以及媒介载体的适度运用，提高教育者的可信度，使受教育者自觉接受其价值观的熏陶。同时还须提升教育者的社交媒介素养，需要提高教育者对新兴的社交媒介及其教育功能的敏锐度和辨识度，主动将其融入大学生价值观教育中。教育者的社交媒介素养是其教育艺术的体现，也是微时代提升价值观教育效率的重要手段。其次，提升受教育者的媒介素养。教育者要通过训练使受教育者具备一定的社交媒介素养，使其在使用社交媒介时能对社交媒介内容形成一定的辨识力，能运用基础理论知识对各种复杂的社会信息进行基本的价值判断和价值选择。

二、微时代大学生价值观教育的主要方法

方法是解决人们思想、说话、行动等方面问题的门路、程序，人们在认识世界和改造世界的过程中使用方法的目的是使复杂的事物变得简单，以最少的投入换取最大的产出，达到认识世界、改造世界之目的。

（一）目标塑造法

目标塑造法就是教育者在借鉴心理学行为塑造技术的基础上，根据人的自由全面发展需要和社会发展实际，通过具体的活动形式或行为强化价值观教育的方法。目标塑造法不但强调教育者对受教育者具体行为的强化，更突出强调受教育者的主体地位，强调在对受教育者行为的引导中塑造目标。在微时代大学生价值观教育过程中使用目标塑造法，不仅保证了价值观教育内容的科学性，更有利于

激发学生的学习兴趣和热情，保障了大学生价值观教育的效果。在微时代大学生价值观教育过程中运用目标塑造法，需要注意以下两点。

第一，坚定微时代大学生价值观教育的总目标。不管现实条件如何变换，大学生价值观教育始终是大学生思想政治教育的一部分，因此，微时代大学生价值观教育目标需要符合大学生思想政治教育的目标要求，即通过教育活动改造个体的主观世界，提高个人的思想道德素质，促进个体的自由全面发展，激励人们为建设中国特色社会主义，最终实现共产主义而奋斗，保持价值观教育方向的绝对科学性。

第二，锤炼微时代大学生价值观教育的具体目标。进入微时代，大学生价值观教育的外围环境发生了变化，受其影响，个体的心理状态也在改变，但与此呼应的是大学生的价值判断能力、价值选择能力相对薄弱。因此，在微时代大学生价值观教育过程中运用目标塑造法，需要结合微时代的客观现实，提升大学生的价值判断能力、价值选择能力，立足客观实际，推动微时代大学生价值观教育总目标的实现。

（二）内容渐隐法

内容渐隐法是指在微时代大学生价值观教育过程中，将教育内容通过特定的情景与个体的心理反应之间建立积极联系，以后即使催生这种心理反应的情景发生变化，但只要涉及大学生价值观教育的内容，大学生仍能产生这种心理反应，最后使这种心理反应借助行为载体作用于社会对象，最终产生正面积极的社会效应的方法。内容渐隐法以大学生日常关注的特殊对象或情景为依托，将大学生价值观教育内容融入特殊对象或情景中，令其产生积极的心理反应、思想或行为。其具体实施步骤包括以下三步。

第一，教育者时常关注大学生的生活，了解大学生的兴趣，明确大学生的关注点，主动将大学生价值观教育内容与大学生的关注对象对接。第二，组织教育实践活动，引导大学生积极参与，在活动中强化其积极思想或行为，巩固社会主流价值观在个人头脑中的主导地位。第三，对于大学生在实践活动中积极传播主流价值观教育的行为，我们要给予及时鼓励，通过鼓励增加个体产生这种行为的频次，从而使社会倡导的主流价值观在大学生群体中真正地融于脑、化于心。

（三）主体灌输法

主体灌输法是教育者在掌握教育理论、把握教育规律的基础上，以受教育者的关注对象为载体，有目的、有计划地将价值观教育内容融于受教育者关注的客观对象中，使受教育者在关注自己感兴趣的对象或事件时自觉地接受正确的价值观的熏陶和引导，从而使教学双方在思想、情感和行为上产生共鸣的方法。主体灌输法体现了教育者在教育过程中对受教育者主观能动性的尊重，是理论灌输法为适应主体需要而改变的时代表现形式，是遵循教育理论中知行一致原则、突出受教育者主体地位的重要体现。具体而言，在微时代大学生价值观教育过程中运用主体灌输法需要把握好以下两点。

第一，主体灌输法中采用的"灌输"二字取灌输的本质含义，即输送、注入，但是灌输不等于强制接收，在灌输过程中受教育者有自主选择接受或不接受的权利。灌输观最早由俄国革命家普列汉诺夫提出，列宁在阐发马克思、恩格斯有关文献的基础上，对普列汉诺夫、考茨基等人的灌输观进一步深化和发展，并结合俄国革命的实际，对该理论进行了创新，形成了今天科学且系统的灌输理论体系。微时代教育者在开展大学生价值观教育时首先需要明确：灌输不等于强迫，而是对先进思想理论的传递，因此，作为教育者首先需要掌握有关灌输的科学理论。

第二，在微时代大学生价值观教育过程中采用主体灌输法，需要坚持一切从实际出发、从主体的现实状况出发，采用的具体形式也要以时间、地点、条件和灌输对象为转移。在微时代环境下，大学生使用微信、微博等已成为常态，大学生这个群体有其特殊性，应以大学生最常关注的对象为灌输载体，以大学生喜闻乐见的方式为灌输形式，以大学生最乐于接受的文体灌输价值观内容，讲求灌输理论、灌输内容和灌输形式的有机统一。价值观决定价值判断，价值判断影响价值选择，一个人有什么样的价值观就决定了他会采取什么样的价值行为，因此，采用主体灌输法、关注主体的现实需求，也是避免个体对灌输过程消极抵抗的重要方法。

三、微时代大学生价值观教育的具体举措

要使微时代大学生价值观教育教有所成、学有所获，实现大学生价值观由实然状态向应然状态的转变，有诸多问题需要解决，也有诸多路径可供选择，这就存在如何选择才能使效益最大化的问题。

（一）优化网络微环境

网络是现代文明的结晶，它以高科技为依托推动教育的现代化，但网络世界并非一方净土，相伴而生的垃圾信息、网络病毒等正成为人们社会化过程中的新忧患，培养社会主义"四有"公民，优化网络微环境势在必行。所谓"优化网络微环境"就是选择、过滤网络信息，清除荼毒人们心灵、破坏文化传统和伦理道德、扰乱公共秩序、危害国家安全和社会安定的有害信息，具体包括以下几个方面的措施。

1. 利用技术手段，监控信息源头

举国家之力建设网络信息海关，升级技术，解决网络监管难题，严密监控网络信息的各个生产源头，对进入网络世界的信息严格把关。升级网络安全技术，有效阻止黑客、网络病毒等肆意攻击国家网络系统的危害；提升对最新应用如微信等的追踪、查询、监控技术，从源头监控信息传播。

2. 利用行政手段，监管信息流向

依靠国家强制力对国内所有主干网、局域网进行统筹管理，监督信息流向，防止有害信息荼毒。定制过滤系统，筑起信息防火墙；加大资金、人力投入力度，升级技术，堵塞各种漏洞；定期清查，维护网络安全，以国家强制力保障网络监管落到实处。

3. 运用法律手段，惩治违法行为

国家发挥法律的威慑力，通过层层治理，最大限度阻止有害信息入侵；各级政府、学校等机关单位要在专门的地方开辟网络投诉通道，呼吁所有用户积极参与，共同监督，对有毒有害信息及时过滤、清除，对传播有毒有害信息者要及时处置，防微杜渐，以儆效尤。

（二）构建教育微路径

大学生科学价值观的形成受到成长过程中诸多因素的影响，既有来自自身因素的影响，也有来自外在因素的影响；既有正向积极影响，也有反向消极影响；厘清这些因素，合理搭建结构，构建教育微路径，对塑造大学生科学价值观将起到事半功倍的作用。

1. 构建学习生活微路径

学生的天职是学习，从教育者那里获取知识本应是最让人欣喜的事情。不过，

对于一些学生来说，进入大学后可能会感到迷茫或失去对知识的热情。这严重影响了高校的教育效果，尤其是思想政治教育。因此，我们需要反思教育方式，寻找更有效的方法来激发学生的学习兴趣和求知欲，以确保他们能够真正地获得知识和实现成长。微时代环境下要提升大学生价值观教育的效果，需要教育者积极构建学习和生活的微路径。具体措施如下。

首先，开展线下与线上相结合的价值观教育。线下教育主要指传统的课堂教育，而线上教育指的是利用微媒介开展的大学生价值观教育。坚持线下教育与线上教育相结合，强调教育者利用课堂这一平台完成教学大纲规定的主要内容，同时在课余利用微信、微博等微平台建立起和学生之间的联系，不定期推送一些与教学内容、学生学习方式等有关的信息，强化学生的自主学习意识，促进消化理解，建立起师生之间的良性互动关系。

其次，培养一支由"导师—学姐学长"组成的学习队伍，发挥"传帮带"作用。随着大学扩招，大学生人数逐年上升，导师指导学生的任务也不断加重，此时，要将大学生价值观教育落到实处，就需要构建师门内的学习型组织，合理分配任务，营造组织内部的良好学习氛围，在学姐学长的带动之下，激发个体的求学欲望，提升学习能力。

2. 构建情感交流微路径

教师在传统的教学活动中是绝对的知识权威，但和学生之间的情感联系并不呈正相关，某些情况下，学生甚至会因畏惧这种权威而在教育者面前选择沉默，他们不愿或不敢表达最真实的想法，因而教育者也就接收不到信息反馈。所以，在微环境下提升大学生价值观教育的效果，就需要教育者因势利导，利用微媒介畅通和学生之间的情感交流渠道，构建情感交流微路径。通过这样的方式，教育者可以更好地理解学生的需求和情感状态，从而更好地引导他们在价值观方面的发展。例如，时机合适时，组织小范围的学生聚会，和学生讨论一些"非学习"问题，搭建平台、营造氛围让学生积极表达自己的观点，了解学生的价值观倾向，发现问题及时疏导；或者利用微媒介建立起和学生之间的微联系，通过微友圈捕捉学生的情感价值观倾向，和学生之间保持良性互动。只有在情感搭桥的基础上，大学生价值观教育活动才有可能朝着教育者期望的方向发展。

3. 构建就业指导微路径

就业乃民生之本，只有找到理想的职业，个人的生活幸福指数才上得来，因此，就业问题也就成为大学生比较关注的一个热门话题。但随着国内就业形势日益严峻，大学生对于毕业之后何去何从甚为担忧，而此时，微媒介提供的一些负面信息就容易使他们变得浮躁不安，误导他们的价值选择，因而也就消解了大学生价值观教育的作用。所以，保障微时代大学生价值观教育的实效性就需要教育者构建就业指导的微路径，及时化解学生心中的疑虑。例如，教育者利用微路径及时向学生推送一些就业信息，或者利用微媒介及时解决学生在就业过程中遇到的问题，及时疏导他们在就业过程中的不良情绪，使其保持良好的求职、应聘状态等。

（三）满足学生的微需求

在计算机网络主导的信息社会中，最重要的资源已不再是传统的货币资本或信息本身，而是注意力。大学生正处于人生发展的关键阶段，由于资源尚不充分，他们面临着网络信息时代大量信息的冲击。为了有效整合和开发大学生的注意力资源，我们必须增强教师队伍的有效性和教育内容的针对性。

1. 教育内容要满足学生的微需求

当前，大学生价值观教育的内容框架包括宏观和微观两个层面。在宏观层面，涵盖了各种理论和先进理念；在微观层面，涉及理想信念、责任意识、价值信仰等方面的教育。为了吸引大学生的注意力，教育内容必须不断创新，贴近大学生的实际生活环境。在内容整合与开发过程中，应坚持"古今中外"的建设策略，注重体现时代特色和微特色，将大学生关注度较高的微话题融入教育内容，以反映当前中国社会的实际情况和迎合学生的心理需求。只有当教育内容真正满足大学生的心理需求时，教育活动才能深入人心，并取得良好的效果。

2. 教师队伍建设要满足学生的微需求

在微时代环境下，要想有效提升高校大学生价值观教育的水平，人才是至关重要的因素。尤其是在各种微媒介的运用尚不成熟、规范的时期，培养先锋人才、逐步推行试点、以点带面是至关重要的步骤。通过这样的方式，我们可以逐步提升微环境下高校大学生价值观教育的水平。

具体而言，可从以下两方面着手。

第一，参观考察，学习先进。各高校由于师资队伍配备、教师个人素质的差异，在教学、科研等方面的侧重点各不相同，所以在教学、科研等方面的实力和经验也存在较大差距，为了改善微时代大学生价值观教育现状，增强微时代大学生价值观教育效果，提升微时代大学生价值观教育的整体水平，一些综合院校（或科研单位）的思政课教师应向长于教学尤其是当前长于微教学的学校、老师学习，借鉴经验，学习先进，提升微媒介素养。具体而言，高校可利用空隙时间组织本单位的思政课教师去一流师范院校或国外著名的高校参观考察，深入课堂，学习先进，与任课教师交流、吸取经验；或选派代表参与该校组织的微课活动，获得直接的教学经验，提升自身微媒介素养和利用微媒介进行课堂教学的能力；也可以邀请该校师生来校访问，开办讲堂，传授经验，指导本校教师更好地利用微媒介开展大学生价值观教育，保障微时代大学生价值观教育的吸引力。

第二，开展微课竞赛，升华实践能力。实践是检验真理正确与否的唯一标准。教育者参观考察、交流学习的成效如何？教育者的微媒介素养是否得到了提升？这些都有待课堂教学实践和学生反馈的检验。因此，想要切实提升微时代大学生价值观教育效果，可在高校思政课教师中开展微课竞赛，通过竞赛活动，强化高校思政课教师利用微媒介开展大学生价值观教育的意识，提升高校思政课教师利用微媒介开展大学生价值观教育的能力，改善微时代大学生价值观教育实践活动疲软与微媒介异常活跃两张皮的现状。具体而言，各高校可邀请教授思想政治理论课的一线教师参与微课竞赛活动，对于表现优异者给予奖励，并推荐他们参加市级、省级、国家级的微课竞赛活动，同时广泛宣传，动员其他思政课教师主动观摩、旁听这些老师的课，通过"传帮带"全面提升各高校思政课教师运用微媒介开展大学生价值观教育的能力，强化微时代大学生价值观教育效果。除此之外，教师利用微媒介开展大学生价值观教育，还须注重学生的反馈，这也是检验教育者的微媒介素养是否真正提升的关键指标。

3. 教育媒介选择要满足学生的微需求

微时代各种微媒介的使用真正实现了媒体和人的高度结合，人所有的个性化特征借助微信、微博等微媒介平台真实鲜明地体现了出来，在微信、微博等微媒介平台上，用户可以根据自己的兴趣爱好，定制自己喜欢的内容。根据微媒介的这一特点，大学生价值观教育要利用微媒介这一载体，就必须把握好学生的个性化需求。在微时代环境下，除了需要改变以往"以不变应万变"的思维模式，还需要根据信息消费者的特点生产出小批量、多种类、多规格、差异化的价值观教育产品，并将这些产品通过微媒介平台分享出去，供用户根据自己的爱好进行选择。当前借助微信、微博等传递的信息之所以能够吸引学生，就是因为信息的表达形式整合了文字、表情、图片、音频、视频等多种表达形式，传递的内容与学生的关注点密切结合。因此，利用微媒介传递价值观教育内容时，要注重教育内容与媒介形式的协调统一、媒介形式与课堂教学工具的有效整合，形成教育者别具一格的教育风格，让大学生价值观教育课堂成为"线上—线下"协调统一，大学生真心喜欢、终身受益、毕生难忘的课堂。

第五章 大学生职业价值观教育
体系的建构与运行

以社会主义核心价值体系引领大学生职业价值观的构建，是增强大学生思想政治教育实效性的迫切要求。以社会主义核心价值体系引领大学生职业价值观构建，必须坚持以马克思主义为指导，尊重差异，包容多样，并在大学生中最大限度地形成社会主义主导职业价值观。

第一节 大学生职业价值观教育
体系建构的基本原则

大学生职业价值观教育的过程实际上是"教育者主动地向受教育者传输职业理论、观点的教育活动与受教育者能动地对教育内容进行选择、吸纳的接受活动的联结与统一"。在这"传输"与"接受"的教育互动过程中，教育者起主导作用，教育的目标能否实现不但看教育者的主导性，还要看受教育者的自主性如何。我们应以思想政治教育的接受理论为指导，构建大学生职业价值观教育体系的基本原则，以实现大学生职业价值观教育的预期目标。

一、坚持主导性与自主性相结合的原则

在大学生职业价值观教育中，我们需要研究教育者的主导性，还要把视线引向研究受教育者的自主性。所谓的"主导性"就是指教育者在教育中居于主导地位、发挥主导作用，使整个接受过程向预期方向发展，最终达到教育者所预期的目的。也就是说，主导性要保证教育的共同原则、基本要求和主要方向、内容及重点。所谓的"自主性"就是行为主体按自己意愿行事的动机、能力或特性，是指受教育者在接受教育影响过程中所具有的选择性与参与性。自主性是说受教育者根据自身的情感、认知等因素，积极、主动地接受教育者的教育，而不是消极、

被动地接受教育，他们会根据自身发展需要和社会总的道德准则对各种教育信息进行择取、整合和内化。

在职业价值观教育中，发挥大学生的主观能动性尤为重要，应通过各种教育形式引导大学生进行自我教育，让他们能够独立解决自己面对的职业价值观问题。教师的重要作用是为学生引路而不是代替学生走路，教育中教师需要完成的重要任务是教育大学生发挥自主性，实现自我教育，这样才能收到预期的教育效果。引导大学生自我教育关键是提高三种能力：一是自我认知能力，即在教育者的引导下对自我的了解和个性分析的能力；二是自我激励能力，即在职业选择过程中遇到困难或困惑的时候能够自我激励并战胜困难的能力；三是自我决策能力，即在众多的职业选择和职业评价中能够做出符合自己需求的决策的能力。随着我国社会经济转型的加速，大学生职业价值观呈多样化趋势，大学生在价值选择、价值取向上的多元化变化是历史发展的必然趋势，这大大地增加了高校职业价值观教育的难度。在建构大学生职业价值观教育体系的过程中，既要坚持主导性原则，也要尊重自主性原则，只有建立二者相互统一的教育机制，才能收到最好的教育效果。

二、坚持社会需要与个人需要相结合的原则

大学生职业价值观教育的目标虽然由教育者来制定，体现着教育者的主观愿望和要求，但实质上反映了教育对象和社会发展的客观要求。因此，适应社会发展和满足大学生的需要，是建构大学生职业价值观教育体系基本原则的客观依据。

大学生职业价值观教育是思想政治教育的重要组成部分，它必须适应和满足一定的社会发展需要。在社会迅速发展的时候，大学生职业价值观教育要紧紧追随，它既要适应和满足社会的发展需要，又要满足大学生的发展需要。大学生职业价值观教育要适应和满足人的智力、体力的发展需要，更重要的是要适应和满足人的职业道德品质的发展需要。过去我们往往多从社会的需要、党和国家的需要来考虑如何进行大学生职业价值观教育，而不大注意考虑受教育者的需要，将职业价值观教育和知识技术教育分割开来。很多学生认为学习知识是为了满足自己的需要，而接受价值观教育则是为了满足党和国家的需要，为此，价值观教育的接受度偏低。这里的关键问题是主体的教育内容与客体需要的内容有一定距离，没有做到较好地结合。为此，坚持国家发展需要和大学生自身发展需要相结合的原则，是提升教育实际效果的必然要求。

三、坚持理论指导与实际教育相结合的原则

职业价值观教育就是要把大学生对职业的认识引导到正确的方向上来，在社会经济处于转型的背景下，理论的飞跃和现实的发展变化呈现出新的局面，在进行大学生职业价值观教育时，理论指导和实际教育相结合就显得尤为重要。具体应着重做好以下几个方面。第一，联系我国经济体制转型的实际。随着我国经济体制转型的迅速发展，人们的生活方式、思维观念、就业岗位和就业形势都发生了重大转变，大学生作为时代脉搏的敏锐感知者，他们的价值观念与以往相比也呈现出了很多不同。大学生职业价值观教育应紧密联系国内实际，唱响时代的主旋律，大力推进爱国主义、集体主义和社会主义教育。第二，联系高校招生制度与就业制度改革的实际。高校扩招加重了大学生的就业难问题，高校"自主择业"的就业制度更增强了大学生的竞争意识。大学生职业价值观教育要紧密联系这一实际，引导大学生树立正确的竞争意识，遵守竞争规则，讲究职业道德。第三，联系大学生角色转变的实际。大学时代是大学生向职业人过渡的最后一个学习阶段，应该注重按照职业人的标准来培养和提升大学生的各项素质。为了确保这一过程的顺利进行，大学生职业价值观教育应重点强调学生应遵循职业道德规范，以更好地适应职业环境，并成为一名合格的职业人。

职业道德规范教育应在三个环节上下功夫：一是使大学生在思想上对职业道德规范产生认知和认同；二是使大学生把道德规范作为行为标准，正确进行道德判断和做出道德选择；三是使大学生积极践行公民道德规范，提高道德境界。总之，高校大学生职业价值观教育必须坚持理论指导和实际教育相结合的原则。

四、坚持整体教育和层次教育相结合的原则

在大学生职业价值观教育中，共性问题与个性问题共存。因此，在教育的过程中不但要开展针对普遍性问题的整体教育，而且要针对个人或年级开展有层次的教育，即贯彻整体教育和层次教育相结合的原则。在这里提出"面、层、点"三个字的教育原则。

（一）"面"的教育

经济形势、就业政策等涉及整体教育的问题，要在全体学生中进行讲解，我们称其为"面"的教育。这种教育范围广，声势大，可以较好地解决在大学生中普遍存在的共性问题。

（二）"层"的教育

这里针对四个年级提出"四个向"的层次教育，即"多向、导向、定向和去向"。"多向"是指在大一阶段做好职业信息教育，主要是让学生充分了解各种与自己将要学习的专业相关的职业信息，多方面开拓职业视野，为以后的职业选择奠定良好的信息基础。"导向"是指在大二阶段做好职业价值的"导向"教育，主要是帮助大学生厘清职业个性，引导他们将自身职业选择与社会发展需求有机结合，初步确定职业目标。"定向"是指在大三阶段做好"定向"教育，主要是根据大学生自身确定的就业范围提高大学生的职业技能，提升职业素质。"去向"是指在大四阶段做好职业"去向"教育，主要是帮助大学生充分了解社会就业形势，提供最为准确的就业市场信息，帮助学生选择合适的就业单位，确保每一个学生都有一个基本适合自己的去向。

（三）"点"的教育

当前大学生职业价值观的表现形式呈现出了明显的个体性，对大学生个体的教育，仅靠"面"的教育是不够的，还要加强有针对性的个性教育。教育提倡"以人为本"就是要使教育内容、教育方式符合学生个体的特点和需要，从每个学生的思想实际出发，把握不同大学生的实际特点，使教育内容的差异性和教育方式的灵活性相结合，让每个学生都能在适合自身特点和需求的方面得到更好的发展。

第二节　大学生职业价值观教育体系建构的基本结构

大学生职业价值观教育体系的基本结构包括目标体系、内容体系和方法体系。在进行大学生职业价值观教育时，应该把握好目标体系、理解好内容体系、运用好方法体系，使教育达到预期效果。

一、大学生职业价值观教育体系建构的目标体系

大学生职业价值观教育的根本目标在于帮助大学生树立正确的求职择业观和成长成才观。本书在党的十八大精神的指引下，构建了以社会主义核心价值观为引领，以爱国观、敬业观、诚信观、友善观为分目标的大学生职业价值观教育目标体系。社会主义核心价值观是当前人们思想意识领域的认识和处理问题的根本

指导思想，职业价值观是社会主义核心价值观在职业认知、职业评价、职业选择等方面的具体体现。党的十八大报告中阐述了社会主义核心价值观的基本内容，即"倡导富强、民主、文明、和谐，倡导自由、平等、公正、法治，倡导爱国、敬业、诚信、友善"。从公民层面来看，"爱国、敬业、诚信、友善"这八个字是对全社会每个公民在价值观方面提出的新的、更高的要求。它要求每一个社会职业人要热爱国家，爱岗敬业，诚信立身，发扬友善，为国家、为社会做出贡献。社会主义核心价值观是社会主义核心价值体系的内核与精髓，是起支配作用的价值理念，决定了社会主义核心价值体系的基本特征和发展方向。本书以社会主义核心价值观为引领，将大学生职业价值观教育体系作为研究基础，将国家公民道德水准作为基本要求，构建了"1412"大学生职业价值观教育目标体系，即一个引领目标、四个分目标、十二个子目标。

（一）将爱国观作为大学生职业价值观教育体系构建的主导目标

社会主义核心价值观在公民层面提出的"爱国、敬业、诚信、友善"八个字中，"爱国"占首位。爱国不是一句空话，在大学生职业活动中应体现在职业理想、职业奉献和职业发展上。为此，以社会主义核心价值观为指导，将大学生爱国观作为主导目标，下设三个子目标，即职业理想观、职业奉献观和职业发展观，以此引导大学生树立正确的职业价值观。

1. 职业理想观

职业理想是人们对未来职业生活的向往和追求，是人们追求职业生活目标的强烈反映，是一种成就个人事业、推动社会进步的精神支柱。提倡大学生树立正确的职业价值观，就是要求他们要以社会主义核心价值观（以爱国主义和集体主义为核心的社会主导价值观）为引领，树立崇高的职业理想。为此，大学生树立正确的职业理想应注意"三个结合"。一是与人民的共同理想相结合。目前，实现中华民族的伟大复兴就是全国人民的共同理想。在这个前提下最重要的是大学生要有强烈的投身到伟大的社会主义建设中的愿望和理想。二是与社会需求相结合。在选择职业时要在国家、社会需要的坐标中寻找自身的位置，大学生只有将自己的理想同社会需要相联系，才能有充足的发展空间。三是与个人职业个性相结合。想要为国家做贡献，必须有职业特长，只有充分发挥自身职业专长，才能将理想与行动统一起来。

2. 职业奉献观

奉献，顾名思义就是"贡献""付出""献出"。大学生树立正确的职业价值观要讲一点奉献精神。奉献精神是一种忘我的、大公无私的精神。随着利益格局的调整和价值取向的变化，对奉献精神的价值实质进行理性的重新思考是有重要现实意义的。奉献精神是一种爱，对每个大学生而言，就是要在这份爱的召唤之下，把未来的工作当成一项事业来热爱和完成，从点点滴滴中寻找乐趣，努力做好每一件事，认真善待每一个人，全身心地为国家、为社会、为人民服务。

3. 职业发展观

以社会主义核心价值观为引领的大学生职业价值观就是要弘扬爱国主义和集体主义精神，使大学生的职业发展与国家和社会的发展相一致、相同步。从利益关系的角度看，应从三个层面理解国家与个人利益的关系：一是国家利益的首要性；二是个人利益的正当性；三是国家利益和个人利益的结合性。从主体性角度来看，尊重个人的主体意识和正当利益，发挥个人的主观能动性，要求主体应该主动承担责任和履行义务。因此，社会主义核心价值观引领下的大学生职业发展观就是强调大学生要正确认识和处理国家、集体和个人利益之间的关系，并自觉将自我价值的实现与国家的发展、社会的需要相结合，实现自我价值和社会价值的和谐统一。

（二）将敬业观作为大学生职业价值观教育体系构建的推进目标

1. 职业选择观

职业选择观是大学生职业价值观的集中体现。大学生只有很好地选择职业才能在岗位上敬业奋斗。职业选择观是大学生在日常的学习生活以及社会实践过程中逐渐形成的，是大学生在选择社会职业时持有的比较稳定的态度和心理倾向。选择职业是大学生职业理想的直接体现，也是大学生价值观、人生观最直观的表达。以社会主义核心价值观引领大学生职业选择观就是要客观地看待职业的社会地位，充分地认识社会和自我，使自己和岗位有较高的契合度。当前，部分大学生把单独追求自我价值的实现作为择业的主要目的，较少考虑他人和社会的利益，这说明其职业选择观出现了偏差。为此，引导大学生形成正确的职业选择观是大学生职业价值观教育的重要目标之一。

2. 爱岗敬业观

引导大学生树立正确的爱岗敬业观，体现在工作上就是要爱岗敬业，即热爱岗位和为岗位付出，它是社会主义职业道德最基本的要求。大学生职业价值观教育就是要使大学生懂得以下几点。一是爱岗就要敬业。所谓敬业就是用一种严肃、认真、负责的态度对待自己的工作，勤勤恳恳，兢兢业业，忠于职守，尽职尽责。特别要认识到在当前不爱岗就会下岗，不敬业就会失业。二是爱岗就要精于业。所谓精于业就是要"干一行、爱一行、精一行"，成为本行业精通业务的行家里手。只有精于业，工作才有底气，事业才有生气。三是爱岗就要珍惜。当前大学生处在就业非常困难的时期，得到一份工作不容易，应该珍惜它。四是爱岗就要吃苦。任何一个在岗位上做出成就的人都是比别人吃苦多、付出多的人。要引导大学生把吃苦和享乐统一起来，认识到有苦才有乐，有乐才有甜。要使大学生在思想观念上有一个升华，树立牢固的爱岗敬业观念。

3. 创新创业观

高校加强大学生创新创业教育意义重大。当前，社会各行业的调整和运转加快，人们为了个人的生存和发展，必须思考新问题、创造新事物、开拓新的发展空间。

创新一方面就是要有求真务实的创新精神，另一方面是要有创新思维。创新精神和创新思维是大学生创造力和竞争力的核心。

务实就是要脚踏实地，从点滴做起，不浮躁，不夸张，不急功近利。提倡创业是时代的要求，在自主择业时代大学生要具有岗位要自己去寻找、事业要自己去创造的意识。

大学生职业价值观教育就是要引导大学生尽早树立创业观念，尽快提高职业技能，为自己未来的职业做好铺垫。这里应该提出的是，大学生的职业技能是他们进入职业领域、求职创业的资本，是走向职业成功的基础和前提。在大学生职业价值观教育中要让大学生明白，把学到的专业知识转化为职业技能有很长的路要走，需要经历长期的实践。

目前许多用人单位在招聘员工时更注重职业技能，而非学历，所以要想大学毕业后求职择业顺利，要想创业成功，就必须有很高的职业技能。

（三）将诚信观作为大学生职业价值观教育体系构建的基础目标

1. 职业道德观

职业道德是本行业人员在职业活动中所应遵循的与其职业相适应的道德原则和行为规范，职业诚信是职业道德的集中体现。职业诚信就是讲诚实，讲守信。

讲诚实就是指言行跟内心思想一致，不弄虚作假，不欺上瞒下，做老实人，说老实话，办老实事。讲守信就是遵守自己所做出的承诺，讲信用，重信用，信守诺言，保守秘密。诚实守信是做人的基本准则，是人类交往中最根本的道德规范，也是职业道德的精髓。

当前，对大学生进行职业道德观教育就是要使大学生明白，在职场中，职业诚信是职业人的一张信用卡片，记载着职场信誉，虽然无形，但确实存在于职场的大环境中，影响着职业人的个人规划乃至职场生涯。诚信既是人们得以成功的最基本的道德品质，也是人们处理个人与社会、个人与个人之间相互关系的基本道德规范。

2. 金钱利益观

金钱利益观教育是当前大学生职业价值观教育的重点和难点。当代大学生在求职择业时更多地考虑薪资待遇等因素，从某种角度说有一定的合理性，因为职业本身就有满足人们最基本的物质需要的功能。人们的生存在于通过职业活动获得收入，获得生存的条件。

从需要的角度说，物质收入是生存的最基本的需要。对大学生进行金钱利益观教育就是要使大学生懂得：人的需要还有更高级的方面，那就是精神层面的需要，即事业成功、自我实现等。也就是说，只有在物质需求得到满足的基础上，关注并满足精神需求，人们才能真正体验到生活的乐趣。

当前，我国已进入中国特色社会主义新时代，社会主要矛盾已转化为人民日益增长的美好生活需要与不平衡不充分的发展之间的矛盾。尽管劳动在一定程度上仍然是生存的手段，但人们的乐生需求仍处于隐性状态。因此，在大学生职业价值观教育中，我们既要承认职业活动对个人的功利价值，创造各种条件以满足合理的功利需求，还要引导大学生正确看待职业活动中的金钱利益，促使个人需求向更高层次发展。

3. 职业良心观

职业良心是人们在履行职业义务的过程中形成的职业责任感和自我评价的能力。

对大学生进行职业良心观教育就是因为职业良心可以把职业责任转化为内心的道德情感和信念。职业良心是履行职业义务的内在要求，它对个人职业行为的支配是一种自觉的活动，无论有没有外在监督与约束，职业人都能按照自己的道德标准行事。

（四）将友善观作为大学生职业价值观教育体系构建的导向目标

1. 职业协作观

职业协作是指在职业目标的实现过程中，部门与部门之间、个人与个人之间相互协调与配合。在职业活动中，坚持以社会主义核心价值观为引领，就要求职业人必须以社会整体利益和集体发展要求为主导，正确处理职业活动中的各种关系，相互协作，团结一致。在进行大学生职业协作观教育时要使大学生懂得：第一，只有将自己融入集体中才能实现全面发展；第二，职业活动需要互助。在市场经济条件下，任何一种职业活动都是社会经济集体中的一个环节，每个人都要助人，也需要他助。助人是他助的前提，他助是助人的条件。在职业活动中没有一个人可以离开他人而单独存在。"人人为我，我为人人"不只是一种道德说教，更是一种生存法则。要使大学生懂得，在职业活动中互助就是一种自助，互相协作是提高业绩、获得成功的前提和条件。

2. 职业沟通观

职业沟通是把信息、思想和情感在个人之间或群体间传递的过程，以求思想达成一致。沟通能力是现代人最重要的基本素质之一，是大学生成功就业不可或缺的法宝之一，也是大学生实现个人价值的必备能力之一。学校是培养人的场所，有责任提供有利条件和丰富资源帮助大学生提高沟通能力。教师有义务锻炼学生的沟通能力，学生又必须发挥主观能动性，主动、自觉地进行沟通能力的训练。沟通能力是大学生就业能力的首要显性表现，或者说是一种表现力的再现。大学毕业生能否顺利就业很大程度上取决于沟通能力。良好的沟通能力是大学生在职场上走向成功的一张通行证，也是职场上友善合作的桥梁和纽带。

3. 职业心理观

职业心理是人们在职业活动中表现出的认识、情感、意志等相对稳定的心理倾向或个性特征。人们在职业活动中要经历选择职业、谋求职业、获得职业或者失业、再就业的过程。当选择的职业符合个人的需要和客观现实时，求职者就会产生兴奋、愉快，甚至兴高采烈、欣喜若狂的情绪，反之则会让人情绪低落，甚至悲观失望、垂头丧气。所以，大学生在求职择业过程中具备良好的心理素质尤为重要。第一，心理素质决定了大学生能否客观地认识自我、认识社会和能否确立正确的择业目标。第二，心理素质对大学生正确对待求职择业中的困难和失败，以及果断处理遇到的问题和矛盾起着重要的作用。第三，良好的心理素质对实现大学生的择业目标起着促进和保障作用。有良好心理素质的人在求职中能够最大化地发挥优势，挖掘自身潜能，在扬长避短中实现自己的职业目标。可以说，良好的心理素质是现代社会评价高质量人才的重要标准。

二、大学生职业价值观教育体系建构的内容体系

大学生职业价值观教育是高校人才培养的重要内容之一，其教育内容一方面要符合高校的人才培养要求，另一方面也要符合大学生的身心发展和成长规律。心理学认为，人的发展有四个重要环节，即知（认知）—情（情感）—意（意志）—行（行动），这四个环节之间的相互关系及其运作方式是心理机制形成的关键。本书将心理学知识引入大学生职业价值观教育体系的研究中，建构以"知""情""意""行"为主要环节的大学生职业价值观教育内容体系。

（一）以"知"为基础的职业认知教育

知，即"认知"，是指人在认识外界事物的过程中，对客观世界以及主观世界的感知和理解。本书中的"知"一方面指大学生对职业价值观的含义、重要性以及职业原则、规范和价值的认识和理解，另一方面是指大学生对社会就业形势、对行业和职业以及对自我的了解。"知"是职业价值观教育过程中的第一个要素，只有在了解职业知识、深刻认识和理解职业价值观相关理论的基础上，才能形成稳定的正确的职业价值观念，才能提高自我认识、自我评价和职业选择的能力。职业认知是进行职业价值观意志锻炼的内在动力，是决定职业价值观行为倾向的思想基础。因此加强大学生职业认知教育，提高大学生职业认知水平是非常必要的。

事实证明，在职业活动中，大学生职业价值观偏离，职业行为不正确，其主要原因就是缺乏对职业的认识。有些大学生对正确的职业价值观概念不了解，缺乏起码的职业认知能力，因此，职业认知教育是职业价值观教育的基础和前提。职业认知的水平直接影响大学生职业价值观的形成，并且制约和影响着大学生的职业评价、职业选择和职业行为，较高的职业认知水平是大学生适应时代发展的基础条件，也是大学生职业价值观教育要达到的目标之一。

大学阶段是大学生学习知识与技能的重要阶段，也是他们从学生向职业人过渡的关键时期。大学生对职业价值观中"知"的认识和理解是他们走向职业生涯的第一步。没有对职业价值观中"知"的认识和理解，就不会对正确的职业价值

观产生认同，也不会有意志力的提升。此外，心理健康教育、职业法规教育也应成为职业认知教育的辅助内容。心理健康教育的任务是要使大学生学会正确地认识自我，适时进行自我心理调适，在求职择业中不断调整自身的就业期望值。较好的职业认知教育可以为下面的职业"情、意、行"教育做好充分准备，打下良好的基础，它是大学生用正确的价值观念和求职行为规范参与求职择业活动的重要保障。

（二）以"情"为动因的职业情感教育

情，即"情感"，是指人们对事物的爱憎、好恶的态度，它一般是在认知的基础上形成的。大学生职业价值观教育中的"情"是指大学生进行职业价值评判时引发的一种内心体验，其外在表现主要是对良好的积极的行为产生敬仰喜好之情，对不道德的消极行为产生厌恶憎恨之感。这种情感体验对大学生来说显得更加重要。积极的职业情感应集中表现在对社会、对工作的热爱，以及对真善美的追求，保持积极的内心情感体验是正确认识问题的基础，也是不断深化认识的条件。大学生职业价值观教育就是要引导大学生对职业形成健康积极的情感，这种情感是大学生将职业认知转化为职业行为的助推剂，因此大学生职业价值观教育离不开"情"的动因启迪。当前，一些大学生在需要他做出职业评价和选择时，常常处于职业理想和职业现实间的矛盾之中。

积极内心情感的获得是一个社会价值标准向个体价值观念转化的复杂的矛盾统一过程。当大学生感受到学校教育、社会现实、自我道德水准有矛盾碰撞时，就是他们内心情感体验的开始，也正是教育的着手点。职业情感对职业价值观行为具有定向作用，并且往往是价值观实践的直接动因。高校应从三个方面培养大学生的职业道德情感。第一，职业情感。大学生在大学期间要做好自己的职业定向，并按照自己的职业定向充实完善自己。大学生对未来职业的热爱情感，表现了对未来事业取得成功的执着追求，只有这种情感，才会支配自己专心致志地向着未来的职业目标努力，才会产生经久不衰的学习持久力。第二，职业责任。大学生应该知道他在未来的职业中对于他人或对于社会应负什么责任、应尽什么义务，这是职业道德行为的出发点，也是激励人们实现某种职业道德目标的原动力，更是做好未来本职工作的前提。如果一个人缺少责任感，虽然暂时会给个人带来一定的收益，但最终将会给社会和个人造成损失，影响单位的声誉，损害自己的名声。第三，职业荣誉。对于大学生来说，提高自己对未来职业的荣誉感，就是要防止把获取荣誉作为个人的欲望和目的，特别是要注意克服沽名钓誉的虚荣心。大学生应将个人荣誉和集体荣誉紧密联系起来，以集体的荣誉为荣，并注意依靠集体的支持来获得个人的荣誉。荣誉感促使人有更崇高的追求，荣誉的获得反过来又会促进人更快进步，从而达到更为高尚的道德境界。

（三）以"意"为重点的职业道德教育

意，即"意志"，是指在实践职业道德的过程中表现出来的克服障碍、战胜困难的毅力和决心以及对待工作精益求精的精神。在职业道德的实践中，难免遇到这样或那样的困难或困惑，有没有坚强的职业意志是衡量大学生道德素质高低的重要标准，只有具备坚强的职业意志，才能在职业实践中一往无前，才能在工作实践中抵制各种腐朽思想，才能认真履行职业道德义务、承担职业道德职责。对大学生进行职业价值观教育，重点是使他们拥有这种能够支配其行为的坚强意志，有排除各种干扰和障碍、坚持自身正确职业行为的勇气。在大学生职业价值观教育中，职业道德教育是重点内容。

职业道德是人们在职业活动中所需要遵从的道德准则、道德情操与道德品质的总和，它既是对本职人员在职业活动中行为的要求，同时又是职业对社会所负的道德责任。大学生作为国家培养的人才，应形成良好的职业道德意识，职业道德教育是大学生实现自身职业理想所不可缺少的重要环节。由于大学生是一个身心尚未成熟、正在成长中的青年群体，他们的职业道德观念必然带有许多不确定和不稳定的特点，这一特点也恰恰说明大学生的价值观具有可塑性。在大学生职业道德教育中加强对意志的磨炼是非常重要的，这种意志表现在大学生在按照职业道德标准自我约束的过程中，能产生自动自觉和持之以恒的精神。意志作为一种巨大的精神力量，能够使大学生克服各种困难，排除各种干扰，以顽强的毅力坚守自己的职业道德。意志力是大学生成才的重要保证，也是他们成功的一个必要条件。勤奋、肯吃苦、有毅力都是意志力的具体表现。一个人具有顽强的意志力，做事情就不会半途而废，而是能自觉地选择适当的方法来克服困难，直到实现目标。

高校在对大学生进行职业道德教育时应突出以下内容。一是诚信教育。诚信教育是公民教育的重点，诚信是中华民族的传统美德，是大学生在职业活动中处理自己和他人、社会之间关系的最基本的道德规范要求。就个人而言，诚实守信是高尚的人格力量；就社会而言，诚实守信是正常秩序的基本保证。讲诚信就是要不欺人、重承诺、讲信誉、守信用。二是协作精神教育。在社会中生存，必须树立协作精神和合作意识。高校在进行大学生职业价值观教育时应注重培养大学生的协作精神和团队精神，应通过多种训练活动增强大学生与人合作的意识。为此，职业道德教育中"意"的培养就是将大学生对职业的热爱情感转化成取得事业成功的坚强意志，为践行职业行为奠定坚实的基础。

（四）以"行"为关键的职业素质教育

行，即"行为"和"实践"，是指人们在一定的认识基础上以及在一定的情感支配下所进行的改造客观世界和主观世界的行动。大学生职业价值观教育中所讲的"行"是指在一定的职业认知、情感、意志支配下采取职业行为的自觉实践，它是衡量大学生职业认知水平高低、职业道德品质好坏的客观标志。职业认知、职业情感、职业意志只有通过职业行为才能表现出来，因而在职业价值观教育中，加强职业行为和习惯的训练与培养是职业价值观教育最后和最重要的环节。首先，对大学生的职业价值观教育要把大学生的正确的职业认知和职业情感转化为坚强的职业意志，并在这种意志的支配下，始终如一地践行职业行为。其次，提升职业行为修养还必须与职业素质的提升紧密结合，只有具备了良好的职业素质，大学生的正确的职业认知、情感、意志才能有用武之地，才能转化为具体的职业行为。职业素质就是从业者在一定生理和心理条件的基础上，通过教育培训、职业实践、自我修炼等途径形成的基本品质。职业素质包含的内容很多，其中对大学生来说最需要提高的职业素质是政治素质、思想素质、文化素质、沟通素质和创新素质。大学生职业价值观教育是一种观念教育，也是一种实践体验，只有将职业观念通过一系列的行为表现出来才能成为行为习惯，才能最终成为稳定的价值观念。

目前，很多高校通过职业体验和职业生涯规划教育来促进大学生职业素质的提高。职业生涯规划的关键是职业定位，职业定位是职业生涯规划的基础和前提。大学生要结合主客观条件，确定职业理想，进行自我评价及外部环境分析，设定目标，制定规划。在教育中，还应该考虑到在不同的学习阶段应安排不同的教育内容，在指导学生上增强针对性、实效性。职业体验教育是一种新型的实践教育模式，它对巩固学生的职业认知和职业情感有积极作用。大学生职业价值观教育的目的就是帮助大学生把职业价值观内化为自我需要，外化为自律行为。高校进行职业体验教育应注意三个环节。一是社会实践环节。要充分利用教育实习、勤工俭学、岗位挂职等途径对大学生进行职业价值观教育，这些都是大学生走上社会的预演，是大学生提前服务社会、锻炼自我的有效办法，也是强化大学生职业道德教育的有效途径。二是公益活动环节。要引导大学生积极参加社会公益活动，培养大学生服务群众的意识，在国家遇到灾难和同学遇到困难时，能够做到倾心捐助和互帮互助。三是科技创新环节。培养大学生精益求精的研究精神，教育学生自觉养成勤奋学习、刻苦钻研、善于质疑、勇于探索的精神。在职业体验教育中应做好"三个体验"：职业角色体验、求职过程体验、就业环境体验。

三、大学生职业价值观教育体系建构的方法体系

（一）大学生职业价值观教育的个体咨询法——增强主导性

随着高校职业价值观教育向纵深发展，个体咨询法也逐渐应用到大学生职业价值观教育中，它的特点是可以和大学生面对面、心对心地沟通，是一种可以直接解决大学生个体职业问题的有效方法，在实践中受到广大大学生的欢迎。在大学生职业价值观教育中运用个体咨询法，可以直接解决大学生在职业方面遇到的问题。要使个体咨询法收到较好的效果，咨询老师必须对自身提高要求。第一，咨询老师不但要有高度的责任感，还要具备相关职业的专业知识，即"专业化"。第二，咨询老师要"三了解"，一是对多年的社会就业政策和就业形势进行了解；二是对大学生这个群体的职业思想状况进行了解；三是对各类学生的择业倾向进行了解。第三，咨询老师要有亲自参加人才市场招聘或用人单位招聘的经历或经验，这样才能感同身受，便于与学生沟通。总之，在大学生职业价值观教育中运用个体咨询法是我们更新观念、提高服务意识、切中大学生需求的有效方法。

（二）大学生职业价值观教育的实践体验法——强化主体性

大学生职业价值观教育是一个将社会对大学生的要求内化为自身的观念，又将这一观念外化为自身行为的过程。这个使内化的观念转变为外化的行为的过程是十分复杂的，必须有一个推动力，这个推动力就是人生经验。对于大学生来说，人生经验就是社会实践。在这里着重介绍大学生实践体验法。实践体验法是教育领域的崭新理念，将它运用到大学生职业价值观教育中会大大推动大学生将课堂教育的理论、观念转变为现实的职业行动。有些高校采取了毕业实习、假期社会实践、村干部岗位见习等形式。这是一种进入社会前的岗前体验，它的优点有三个方面。一是了解行业。在开放的环境中，大学生与用人单位近距离接触，了解社会各行业的经济发展状况，得到对一个社会的感性认知。二是了解职业。很多大学生对职业种类、性质、待遇等问题并不是很了解，这也

是导致他们在求职择业过程中不能较好地进行职业定位的主要原因。三是了解自我。大学生应在对社会岗位的不断体验中，了解和体会行业或岗位对大学生的素质要求，发现自己与职业人的差距，增强充实自我、完善自我的内在动力。有些不具备条件的高校也可以通过各种活动模拟职业现场，让大学生身临其境，形成一种进入岗位的临战状态。

（三）大学生职业价值观教育的环境营造法——优化网络环境

环境因素是大学生职业价值观教育不可缺少的基本因素，也就是说，环境是教育得以进行的根本条件，好的环境会对教育产生积极的促进作用，强化教育的效果，所以营造环境是新形势下教育者应思考和研究的重要问题之一。影响大学生职业价值观教育的环境是多方面的，大到社会政治、经济、文化环境，小到人们直接工作和生活的单位或局部环境。当前，网络环境是大学生职业价值观教育的重要载体和阵地，从教育的角度来说，进入这个阵地、占领这个领域、优化这个环境是新形势下的重要课题。网络环境有着极强的导向作用，网络上出现的内容、图片、信息等对大学生有很强的吸引力。网络环境还有很强的塑造作用，它以形象逼真的特点作用于人的感官，触及人的情感，很容易引起大学生的共鸣和联想。现在每个大学生基本每天都要浏览网页，学校优化网络环境已势在必行，应从以下几个方面开展工作。在内容上，应该以帮助大学生树立正确的"三观"为目的，特别要强调的是要增强网络的导向力、感染力，应开发一些有教育意义的软件、网站，有意识地举办一些与职业相关的网络比赛。在制度上，要制定相应的政策法规，加强网络监督和管理。在规范上，要提高大学生的信息道德，促进网络的规范。网络上的伦理道德规范是要靠每个人的内心信念来维系的，网络的信息传递行为和其他的社会行为一样，也要遵循一定的道德原则和规范。网络环境为大学生职业价值观教育提供了空间，也给教育者带来了挑战，优化网络环境是提高大学生职业价值观教育效果的必然要求。

（四）大学生职业价值观教育的心理激励法——提高自我效能感

自我效能感是指个体对自己是否有能力完成某一行为所进行的推测与判断。自我效能感建立在个体对其行为能力的认知与评估的基础上，职业自我效能感是自我效能理论在职业领域中的具体应用，即个体对自己能否胜任和职业有关的任务或活动所具有的信念。近几年来大学生就业难问题日渐突出，许多大学生在求职就业过程中出现了抑郁、焦虑等心理问题。有的大学生对自己没有形成一个客观、清醒和全面的认识，不能正视自己的职业能力，往往缺乏择业自信心，求职择业时常常犹豫不决，遇到各种问题，也没有信心做出正确的判断和决断。职业自我效能理论关注个体特质对职业选择和职业适应的重要性，同时也关注社会环境、经济利益、职业机遇等对个体职业选择和职业发展的影响。从认知方面看，高自我效能感的人能够促进他的自我认知过程，提高他做决定的质量，促进完成学业和获得成就。从动机方面看，具有高自我效能感的人为自己设计的目标更高，选择的任务更具有挑战性，其自身也有更强的坚持性。从行为选择上看，高自我效能感的人在困难面前不会退缩，会积极应对；而低自我效能感的人则可能因信心不足而选择逃避。从情绪方面看，高自我效能感者往往比较乐观，遭遇不幸后的心理弹性强、恢复能力强；低自我效能感的人则往往抑郁、焦虑、无助。因此，职业自我效能感对个体潜能的发挥有关键性的作用，决定和主导着个体人生事业的成败和日常生活的幸福与否，直接影响人们的职业情感、职业选择、职业调整和职业坚持等职业行为，对大学生职业价值观的形成有积极的作用。

第三节　大学生职业价值观教育体系建构的基本机制

目前，大学生职业价值观教育面临的是一个全新的环境，社会全方位的重组与结构调整，要求高校大学生职业价值观教育也必须适应新的环境，优化自身的机制。本节依据教育的可接受机制理论，从教育规律出发，以实现思想政治教育目标为目的，设计了一个较为系统全面的大学生职业价值观教育体系。这个教育体系由三个基本机制组成，即动力机制、运转机制、保障机制。动力机制解决的是大学生职业价值观教育中的内驱力和外驱力问题，即发动阶段；运转机制解决的是大学生职业价值观教育中的导向、整合、调控问题，即展开阶段；保障机制解决的是大学生职业价值观教育顺利开展的各种保证条件问题，它贯穿各个阶段的始终。

一、大学生职业价值观教育体系建构的动力机制

大学生职业价值观教育体系的动力机制是指大学生职业价值观教育体系的构成要素间的因果关系和运行方式，以及它们相互改变、相互影响、相互作用的过程与机理。大学生职业价值观教育是一个主体、客体、介体、环体等因素交互作用的过程，在教育实践活动中每一个因素都会产生一个力的作用。本书提

出大学生职业价值观教育的"四个力"要素，即主体方向力、客体驱动力、介体传递力和环体支撑力。

（一）大学生职业价值观教育体系的主体方向力

从大学生职业价值观教育的过程来看，教师是教育的主体。从教育过程的本质来看，教师（主体）把一定的思想观点和道德信念通过教育过程传递给学生（客体）。在大学生职业价值观教育的动力系统中，教师（主体）是方向力，在动力系统中起着掌舵人、方向盘和火车头的作用。在教育过程中，教师（主体）既是组织者、管理者，也是协调者。为此，教师（主体）在教育中要发挥主导作用。

（二）大学生职业价值观教育体系的客体驱动力

在教育的过程中，大学生是客体。客体驱动力是指大学生在接受教育的过程中产生一定行为的内部力量，教育也就是客体从内化到外化的过程。客体产生需要，经过一系列判断、比较、筛选等过程后进行选择，形成了个体的思想品德。在外化过程中，客体把已经内化的价值观念、道德准则自主地转化为思想道德行为的驱动力。

（三）大学生职业价值观教育体系的介体传递力

介体传递力一方面表现在方式方法上，就是通过一定的方式方法传递力量，好的方式方法能起到事半功倍的作用，可以加速教育进程和提升教育效果。另一方面表现在载体上，即通过大众传媒、人际传播、活动载体和文化载体等传递力量。一定条件下介体传递力对动力系统的运行影响很大，是一个不可忽视的因素。在大学生职业价值观教育中，介体传递力的作用表现在以下三个方面。其一，关联性。介体是一个纽带与桥梁，它将教育的主体、客体和内容等方面相互联结。其二，传导性。介体起着双向传导的作用，它通过载体将教育内容输出输入，达到双方互动。其三，中介性。介体就像一只无形的手，其传递途径和工具就是媒介。介体是传递者，是纽带与桥梁，是力的作用的实施中介。

（四）大学生职业价值观教育体系的环体支撑力

环体是指大学生职业价值观教育所处的周围环境，它是教育运行的支撑平台。大学生职业价值观教育在运行中会遇到如国内外的政治、文化、经济等大的教育环境，也会遇到如社会、企业、学校、家庭等小的教育环境。在教育环境中，有积极环境也有消极环境，有软环境也有硬环境，有现实环境也有虚拟环境。因此，大学生职业价值观教育的动力系统要想良好运行，必须优化环境，必须传递正能量。如果学校传递的价值观念、道德规范与来自外部的教育思想不一致，其教育的效果就会大打折扣；而那些好的积极的社会环境，则会使教育达到事半功倍的效果。大学生职业价值观教育体系的环体支撑力表现在它为教育提供了着力点和支撑平台。

大学生职业价值观教育体系的动力机制要解决的是内驱力和外驱力问题。内驱力是推动大学生职业价值观教育的内在动力，它来自动力源，即内在需要。外驱力，即外部环境的支撑力。这种外驱力包括以下几点。一是社会环境，它是大学生职业价值观教育体系运行的先决动力。随着信息化时代的到来，市场经济、改革开放带来的各种思潮不断涌入高校，直接冲击着大学生的价值观念。二是家庭环境，它是大学生职业价值观教育体系运行的基本动力。家庭的经济情况、家庭成员的基本情况等因素无不对大学生的职业价值观产生影响。三是校园文化环境，它是大学生职业价值观教育体系运行的重要动力。高校在多年的发展历程中积淀了校园文化这一特殊的文化形式，它潜移默化地影响着大学生的思想和行为。健康向上的校园文化环境能够促使大学生形成强烈的荣誉感和责任感。

总之，要运用好大学生职业价值观教育体系的动力机制，很好地发挥动力机制中各要素间"力"的作用，依靠合理作用，产生更大的内驱力，使大学生职业价值观教育向有序的方向发展。

二、大学生职业价值观教育体系建构的运转机制

大学生职业价值观教育体系是一个动态运行的系统，其协调顺利运转是实现教育目标、优化教育途径的重要保证。

（一）大学生职业价值观教育体系的导向机制

大学生职业价值观教育体系的导向机制包括以下三个内容。一是思想政治导向机制。当前，社会主义核心价值观是社会主义意识形态的本质体系，是科学的指导思想，其内容是富强、民主、文明、和谐、自由、平等、公正、法治、爱国、敬业、诚信、友善。二是政策导向机制。政策要解决的是方向问题、原则问题，它告诉人们肯定什么，否定什么，赞成什么，反对什么。大学生职业价值观教育的政策导向机制要解决好两个方面的问题。第一，满足需要。这是说大学生合理的、与社会目标相一致的需要，国家应在政策上予以肯定并帮助解决。第二，起

到调节和引导作用。人们的需要有时不一定完全合理，多是与目标有差距或是高于现实，在这种情况下政策要发挥调节和引导作用，使人们的需求趋于合理或缩小与目标的差距。三是利益导向机制。解决利益问题是大学生职业价值观教育的根本出发点。大学生职业价值观教育应培养大学生正确的利益观、享乐观、择业观和发展观，使其对各种利益都能适当兼顾。

（二）大学生职业价值观教育体系的整合机制

大学生职业价值观教育体系整合机制的目的是将系统内部的各要素通过联系、渗透、互补、重组等方式整合成一个合理的结构，实现整体的优化和协调有序发展。也就是说，将要素进一步整合，使得教育的"合力"达到最大化。大学生职业价值观教育体系的整合机制包括以下四个方面。一是利益整合。大学生职业价值观教育是以维护大学生的利益为出发点和落脚点的，脱离了这一点，就失去了教育存在的价值。这里所说的利益整合就是把大学生职业价值观教育与解决大学生的实际利益问题结合起来。二是情感整合。大学生职业价值观教育者不仅要通过教育增强大学生爱党、爱国家、爱社会主义的情感，还要注重解决大学生在对国家、对社会、对学校的情感情绪等方面的问题，使他们的各种情感得到整合，并能够通过各种渠道抒发和践行。三是组织整合。大学生职业价值观教育体系的组织整合就是要使学校的各个组织管理机构，如校党委、学工处、各院系、网络中心等部门能够统一思想和协调配合，在大学生职业价值观教育过程中形成一个强有力的育人合力。四是资源整合。大学生职业价值观教育体系的资源整合主要包括人力资源、教育活动和财力设备的整合。人力资源整合，即学校领导、辅导员、心理咨询人员、职业生涯课教师、专业课教师等各方面工作人员的整合。教育活动整合，即将社会实践体验、岗位实习、成功人士采访、校园文化活动等多种教育形式进行整合。财力设备整合，即将学校教育资金、网络宣传设备、活动场所等进行整合，加大教育的投入力度。

（三）大学生职业价值观教育体系的调控机制

大学生职业价值观教育是一个复杂而长期的系统工程，要保证教育在运行过程中始终按照所设定的目标有序和协调地向前发展，必须建构教育的调控机制，以对系统运行过程进行适时监督和调控。调控机制运行应重点把握以下三个环节。一是实行目标管理。通过推行目标管理，赋予学校相关人员和各相关部门明确的、定性与定量相结合的工作目标，使教育逐步实现制度化、规范化和科学化。提高工作的质量和效率，从而克服工作中的盲目性和随意性，向指定的目标迈进。二是健全信息反馈体系。调控的基础是具有健全有效的信息反馈系统。只有在不断的反馈中，才能及时了解大学生职业价值观教育计划的执行情况。信息反馈系统主要包括系统内部的评价反馈和社会、家庭等外部的评价反馈。反馈是大学生职业价值观教育体系运行的不可或缺的环节，只有不断反馈才能进行调控，才能使整个教育体系形成一个循环系统，有了循环，才能不断地进行良性发展。三是建立决策机构。决策机构是指由领导和专家组成的决策领导部门，它在大学生职业价值观教育体系运行中起着制定和调整政策的作用。在这里要特别强调上级部门的领导权威，强调在教育中服从指挥，协调一致，以保证大学生职业价值观教育体系顺利运行。

三、大学生职业价值观教育体系建构的保障机制

保障机制是指为管理活动提供物质和精神条件的机制。建立和完善大学生职业价值观教育保障机制的目的是使大学生职业价值观教育朝着正确、有序的方向发展。大学生职业价值观教育体系建构的保障机制包括组织保障、制度保障、队伍保障和物质保障。

（一）组织保障

构建大学生职业价值观教育体系的保障机制，组织保障是保证。在大学生职业价值观教育的实施中要注意抓好三个"充分发挥"。第一，充分发挥党委的政治核心作用。要建构科学合理的大学生职业价值观教育保障机制，必须加强党对大学生职业价值观教育的直接领导，充分发挥党委在高校的政治领导核心作用和基层党组织的战斗堡垒作用。第二，充分发挥校长负责制的作用。强调党的领导是大学生职业价值观教育与管理的核心力量，并不意味着整个教育工作都由党委一包到底，与校行政系统无关。大学生职业价值观教育虽然属于思想政治教育，但就业率是校长极为关注的，涉及学校的声誉和地位。所以要健全大学生职业价值观教育体系保障机制，就必须建立和完善以校长及其行政系统为主要实施者的大学生职业价值观教育管理机制。否则实施有效的大学生职业价值观教育，就会变成一句空话。第三，充分发挥各职能部门各负其责的作用。要进一步明确育人职责，构建大政工机制。各职能部门要加强沟通，密切协作，形成教育与管理的合力。工会、学生处、共青团在教育中处于贯彻实施的地位，要上下齐心、团结一致，共同承担起开展大学生职业价值观教育的责任。

（二）制度保障

构建大学生职业价值观教育体系的保障机制，制度保障是重点。大学生职业价值观教育是一项系统工程，高校必须制定一些科学性强、操作性强、实效性强的保障制度。在制定制度时要把大学生职业价值观教育的目标要求分解到各级管理工作中，加强对大学生职业价值观教育每个过程的管理。目前，在教育中存在着教育和管理相脱节、职责不清、措施不明、制度不配套等问题，这就要求学校领导必须予以重视，必须建立和完善切实可行的职责分明、分层实施、配套联动的教育制度管理体系。在制度建设上应注意下列三个方面的问题。一是增强制度的科学性。目前高校有些制度存在不科学、不完善、操作性不强等问题，必须尽快改正。二是增强制度的适时性。随着教育改革的深入，高校教育中出现了一些新问题、新情况，高校必须建立与时俱进的新制度，以应对这些新问题、新情况。三是增强制度的严肃性。在规章制度的实施中，要减少人为影响因素，降低随意性，做到严格照章办事。总之，只有建立健全与国家法律法规相协调、与高等教育人才全面发展相衔接、与大学生成长成才相适应的大学生职业价值观教育和管理的保障制度，才能使大学生职业价值观教育体系顺利运行。

（三）队伍保障

大学生职业价值观教育必须有一支政治素养高、业务精、作风正的教师队伍做保证。要按照提高素质、优化结构的要求，培养和选拔一批德才兼备的中青年干部。选拔干部时应抓住以下四点。①在素质上，选拔的人员首先要热爱学生工作。如果选拔的人员不热爱学生工作，就达不到干一行、爱一行、专一行。其次应具有崇高的道德品质、无私奉献的精神和高度的责任感，政治面貌上要求是中共正式党员。②在能力上，要具有较强的人际交往能力、办事能力、亲和力、凝聚力和感召力，有组织大型学生活动的经验，担任过学生干部，做过慈善活动，这些能够体现其工作能力。③在专长上，要在文艺、体育及其他课外活动等方面有特长。无论有任何特长，都会对工作的开展有益处，容易得到领导和学生的认可。④在学历上，要求是硕士研究生以上学历。在干部的培养与管理上应抓住"五个字"。一是"专"，即专业化，就是使思想政治教育工作者形成一支专业化队伍，在技术职称上定位为思想政治教育教师，促使他们加强研究，并将研究成果用于教学，增强教学效果。二是"转"，即转岗位。专职从事思想政治教育的工作者，可以根据本人的条件和意愿，在一定工作年限后，转到其他岗位。三是"提"，即提拔。对那些工作业绩突出者，给予破格提拔。四是"学"，就是提供学习机会，选派一些同志海外留学，或支持他们考取各种资格证书，或到党校和行政学院学习。五是"聘"，就是聘专家、学者。除了校内的专家、学者，还应聘请校外的专家名人、企业经理等充实兼职教师的队伍，用他们丰富的经验、不平凡的经历来教育和影响大学生。总之，大学生职业价值观教育工作人员要走专家化、专门化、专业化、职业化的道路。

（四）物质保障

构建大学生职业价值观教育体系的保障机制，物质保障是基础。高校大学生职业价值观教育是促进大学生成才的重要途径，新的形势下一定要更新观念，改变大学生职业价值观教育投入不足的现状，物质保障是实施教育不可缺少的保障之一。物质保障应考虑以下几个因素。第一，加大资金投入力度。特别是在现代社会背景下，大学生职业价值观教育只靠说教是难以奏效的，必须保证教育经费到位，并且逐年有所增加。在高校资金紧张的情况下，可以考虑建立相应的企业联合会、校友基金会等筹措教育资金的机构，广泛筹措资金，以保证大学生职业价值观教育顺利进行。第二，更新教育设备。教育设备是大学生职业价值观教育改革和发展的物质基础，先进的教学内容必须借助相应的媒体来传播，先进的教学方法更离不开先进的教学工具。因此，随着时代的发展和社会的进步，必须不断更新和优化教育所需的各种仪器设备。第三，改善校园环境。校园环境属于校园显性文化，是看得见摸得着的校园文化硬件。校园内的每一个实物，以及各个实物间的结构关系，都反映出学校教育的价值理念。校园的绿化、美化、文化犹如一本活的教科书，时时对大学生的人生观、价值观、世界观产生影响。为此，资金、设备和环境等物质保障是大学生职业价值观教育的基础和前提。

第六章　用社会主义核心价值观
引领当代大学生就业观

在现代社会背景下，受多元价值观的影响，大学生就业价值观呈现出多元化倾向，而多元的就业价值观深刻影响着当代大学生的求职择业行为。从目前来看，部分背离社会主义核心价值观要求的就业价值观仍然存在于大学生的求职过程中。

第一节　我国大学生就业制度变迁及就业观的演变

一、我国大学生就业制度变迁

就业乃民生之本，大学生是就业的主要群体。我国历来高度重视大学生就业问题，党和政府通过实践研究，科学地制定和实施了一系列就业政策制度。经济基础决定上层建筑，大学生就业制度随着社会经济基础的改变而改变，大致经历了三个历史阶段。

（一）计划经济体制下的就业分配（1950—1984 年）

中华人民共和国成立之初，传统的计划经济体制在我国的经济生活中占支配地位，大学生是极其稀缺的人才资源。因此，为了更好地发展社会经济，实现人才的有效利用，1951 年中央人民政府政务院发布了《关于改革学制的决定》，该决定明确规定高等学校的毕业生需要服从政府的指令，由政府根据人才需求的情况统一安排就业，大学生被安排到国家最需要的各个领域。1977 年高考制度恢复后，就业制度开始步入正轨，大学生由各省市根据生源情况分配到生源地区工作，国家只做少量特殊情况的调剂，这就是所谓的"从哪里来，到哪里去"。1977 年出台的《关于一九七七年高等学校招生工作的意见》和 1981 年国务院批转的《关于改进一九八一年普通高等学校毕业生分配工作的报告》强调，在国家统一计划下，对毕业生分配实行"抽成调剂、分级安排"的办法。

"统包统分"相比现在的就业制度，虽然存在弊端，但非常符合当时生产力水平较低、高等教育整体规模尚小、大学毕业生人数的供给无法满足社会各领域建设需求的情况，因而在计划经济体制下，由国家实行统一分配的制度有利于促进当时经济和社会的发展。以"统包统分"为特征的、由国家按计划分配的制度一直延续到 20 世纪 80 年代中期才开始改革。

（二）从计划分配到"双向选择"的过渡阶段（1984—1992 年）

为了优化高校毕业生就业分配，促进人才的合理流动，1983 年国务院批转了国家计委等部门《关于一九八三年全国毕业研究生和高等学校毕业生分配问题的报告》，该报告规定，企业可以根据人才的引进需求与高校毕业生约面，可以向学校申请查阅大学生个人档案等，这意味着新的就业制度试点工作正式开始。1985 年 5 月《中共中央关于教育体制改革的决定》颁布实施，这是发展我国教育事业的纲领性文件，这标志着我国"统包统分"的就业模式正式结束。该决定规定，在国家宏观调控下，计划内的学生可自主填报志愿，企业择优录取，并在此基础上实行"供需见面"，加强学校与用人单位之间的联系。1989 年，国务院批准转发了国家教委《关于改革高等学校毕业生分配制度的报告》和《高等学校毕业生分配制度改革方案》（"中期改革方案"）。"中期改革方案"的出台，标志着大学生就业制度开始了以市场为导向的历史性改革。

（三）社会主义市场经济体制下的就业（1993 年至今）

1979 年邓小平提出了"社会主义也可以搞市场经济"这一伟大命题，我国逐步确立社会主义市场经济这一全新的经济模式。当时实施的"中期改革方案"毕竟只是一个过渡性方案，"双向选择"相比"统包统分"更加符合当时市场经济的发展需要。"双向选择"模式增加了企业与大学生见面的机会，使企业能更好地根据需求来招收人才，同时有利于大学生更好地认识与把握市场发展的动态，了解企业需要什么样的人才。尽管如此，"双向选择"分配模式仍然存在弊端，对大学毕业生来说并不能实现真正的自主择业，部分政策、措施左右着他们的发展。1993 年《中国教育改革和发展纲要》颁布，该文件明确规定了在政府宏观调控下，少数刚毕业的大学毕业生统一由高校安排工作，剩下的大部分学生实行"自主择业"。从个人的发展来看，"自主择业"解放了被政策所束缚的大学生，使他们能够根据自己的能力、兴趣、爱好以及职业理想进行择业。"自主择业"充分体现了马克思"以人为本"的就业思想，同时有利于企业与人才的双向沟通，进而实现人才利用率的最大化。

2002 年国务院办公厅转发了教育部等部门《关于进一步深化普通高等学校毕业生就业制度改革有关问题的意见》，该意见的提出具有里程碑式的意义，意味着在政府的宏观调控下，"市场导向、政府调控、学校推荐、学生与用人单位双向选择"的高校毕业生就业体制正式形成。

近年来，我国出台了一些具体的政策来促进大学生就业，如印发《"十四五"就业促进规划》，提出了"十四五"时期促进就业的指导思想、基本原则、主要目标、重点任务和保障措施，是推动就业高质量发展的工作指引。

二、我国大学生就业观的演变

大学生作为现实生活中的一分子，其价值观念难免会受到外部环境的影响，就业观同样如此。改革开放以来，大学生就业观发生了三次大的转变。

（一）"统包统分"就业分配模式下的大学生就业观

1. 消极被动的就业观念

1977 年终止了多年的高考制度得以恢复，中国的高等教育开始步入正常的发展轨道。改革开放初期，主要是"统包统分"的就业分配模式，国家根据各地的人才需求，有计划地统一分配，安排就业，处在这个时期的大学生，基本上没有任何自由择业权利。高校毕业生因为社会需求大，而大学生人数相对较少，供不应求，就业压力相对较小，无须考虑自己的就业去处。对于大学生而言，虽然不必为工作担忧，但是也丧失了寻找适合自己工作的权利，个人的需求完全被忽略，这在一定程度上影响了他们的学习积极性。同时，步入学校大门后便意味着终身端上了"铁饭碗"，竞争意识和自主意识逐渐淡化，处于一种"等、靠、要"的被动局面。因此，他们就业带有明显的消极被动心态。

2. 更倾向于社会价值的实现

"统包统分"的就业分配模式强调以国家需要为主，大学生被安排到工作岗位后，意味着端上了终身的"铁饭碗"，而且拥有城镇户口、子女上学优惠等福利。由此他们对国家、党和人民充满感激，大多数毕业生甘愿投身于祖国的建设事业，往往把个人的理想和抱负依托于集体之中，因而维护集体和国家的利益永远是他们价值追求的首要目标。同时，受到当时社会就业政策的影响，他们的就业价值取向更加倾向于提高社会地位。因此，在这一时期的大学生看来，进行职业评判时主要将社会地位作为最优先考虑的因素。

（二）"双向选择"就业分配模式下的大学生就业观

1. 就业取向呈现出主动性与多样性的特点

随着"双向选择"就业分配模式的不断推进，大学生不再局限于以往单一被动的消极就业，而是要和社会、用人单位发生交流，根据彼此的需求进行双向选择，达到共鸣方可实现就业。在这一时期大学生所表现出来的就业观念主动性比较强，但是，受到当时国家政策的多方限制，大学生无法实现真正意义上的自由择业，社会与国家的需要依然占主导地位。

2. 职位评价呈现出"经济型"的特点

就业制度的改革使大学生的就业观念发生了较大变化，其就业价值取向开始从过去的强调政治地位逐渐转向了对经济利益的重视，同时也出现了"先就业，再择业"的就业观念。他们的就业区域多集中于东部沿海地区，在择业单位上，工资优厚的外资企业成为他们的首选，而且很多学生宁愿放弃体制内的安稳工作，"转而创业、经商，谋求更好的发展，形成了当时独特的'下海潮'"。

（三）"自主择业"就业分配模式下的大学生就业观

20 世纪 90 年代中后期至今，国家政策、社会环境、经济形势等发生了巨大转变，这对大学生产生了很大影响，其就业观念呈现出多样化的特点，主要表现在以下几个方面。

第一，自主化。改革开放以来，随着我国市场经济体制的建立，以市场为主体的就业环境逐渐形成，市场经济的发展促成了很多新职业，所提供的岗位数量不断增多，可供求职者选择的就业面更加宽泛。同时，大学生的主体意识增强，他们就业更加强调主体性，比较注重自我价值的实现，期望依靠自身的努力奋斗来实现事业的成功。

第二，务实化。随着社会进入市场经济时代，大学生的就业目标和思想都发生了巨大的转变，越来越表现出理性和务实的特点。他们能够理性地看待社会现象，并依照自己的具体实际，客观地调整职业理想。大学生在进行就业选择时更加看重职业发展前景、经济收入，注重劳逸结合，其职业评价标准越来越倾向于务实化。但是，随着改革的深入，中国大学生就业中尤其是大学生考"公务员热"，近几年再掀起高潮。

第三，多元化。随着市场经济的不断完善，就业渠道更加多样化，可供大学生选择的就业机会也越来越多。与此同时，经济全球化所带来的多元的价值理念给大学生带来了较大影响，他们在注重自我价值的实现和追求较高的薪资待遇的同时，非常关注工作环境和个人的发展前途，面对激烈的就业竞争环境，当代大学生择业时倾向于多重考虑，不一定依照所学专业进行择业，而是凭自我兴趣择业。从价值取向来看，他们中的大部分仍能将国家利益、集体利益摆在首位，但是少数大学生的价值取向出现了较大偏差，主要表现为个体本位主义、拜金主义等。

第四，矛盾化。随着改革开放的不断深入，大学生处在一个经济、文化、思想变革的特殊时期，文化转型期的思想冲突造成了他们思想和价值观的矛盾性。一方面，受传统社会观念影响，他们的价值追求要考虑社会价值的实现，满足自我的集体荣誉感；而另一方面，出于西方文化和观念的不断渗透和影响，以及自我主体意识的不断增强，他们又较为重视个人价值的实现。他们在看重个人价值实现和职业发展的同时，往往又无法摆脱物质利益的诱惑，难免会陷入个体与社会价值实现的双重矛盾之中。

纵观改革开放以来大学生择业观的演变及特点，不同阶段大学生的价值取向会呈现出不同的状态，并且会处于动态的变化之中，折射出时代的印记。

第二节　影响当代大学生就业观的主客观因素

唯物辩证法认为，外因是事物变化的条件，内因是事物变化的根据，外因通过内因起作用。一切事物都是不断发展与变化的，大学生的就业观同样如此，其就业观的形成与发展受多方面因素的共同影响。当代大学生的就业观既有值得肯定的积极变化，也存在一系列的问题。

一、当代大学生就业观存在问题的客观因素

随着市场体制的确立，由政府宏观调控下的"双向选择、自主择业"的就业模式正式形成，劳动力市场在我国已基本形成，对劳动力资源的优化配置起到了基础性作用，但是就业市场仍处于探索和培育阶段，尚不完善，存在很多不足之处，导致了许多大学生无法实现顺利就业，具体从以下几方面分析。

（一）大学生就业市场条块分割，信息流通不畅

目前我国就业市场的发展还不是很完善，就业市场发育不足主要体现在高校毕业生求职意向和用人单位的招聘信息不能及时衔接。首先，高校毕业生无法准确掌握人才市场的需求，求职过程带有一定程度的盲目性和偶然性。其次，高校与用人单位之间的信息不对称。部分地方高校片面追求理论学习和学术研究水平，对经济结构、发展方向及用人单位的人才需求不太了解，最终培养出来的人才的质量无法满足社会需求。最后，学校、企业、学生三者之间缺乏充分的沟通和协调，就业市场信息传递存在障碍，不但阻碍了企业单位招贤纳士的顺利进行，也对高校毕业生顺利就业产生了间接影响。

（二）大学生就业市场的环境缺乏统一规划和支持

为了充分发挥就业市场在人才资源配置中的基础作用，就业市场规范运行是实现高校毕业生顺利就业的重要保障，统一就业市场规范至关重要，但是，目前的高校毕业生就业市场统一规划和协调的力度不够，相关监管部门未充分履行监督职责，就业市场状况不理想。

（三）高校毕业生就业市场主体发育不足

高校毕业生就业市场主体发育不足的问题，已成为我国社会经济发展中的一大难题。

高校毕业生就业市场主体发育不足，简单来说，就是指在高校毕业生就业市场中，能够提供就业岗位和机会的企业、机构等市场主体数量较少、规模较小，难以满足高校毕业生的就业需求。这是一个结构性的问题，也是制约我国高校毕业生就业的关键因素之一。

高校毕业生就业市场主体发育不足的原因主要包括以下两个方面。一方面，这与我国经济发展的阶段和特点有关。我国正处于经济转型期，产业结构调整升级，传统产业逐渐衰退，新兴产业尚在培育中，这导致了一些市场主体无法提供足够的就业岗位和机会。另一方面，这与教育体制、人才培养模式等也有一定的关系。我国高等教育培养的人才类型和结构与市场需求存在一定的不匹配现象，这也制约了高校毕业生的就业。

高校毕业生就业市场主体发育不足带来了一系列影响。首先，这会导致高校毕业生的就业率低下，就业质量不高，影响他们的职业发展和人生规划。其次，这也会给国家和社会带来一定的负面影响。高校毕业生是国家和社会的重要人才

资源，如果他们的就业问题得不到有效解决，将会影响国家的发展和社会的稳定。

为解决高校毕业生就业市场主体发育不足的问题，政府、企业、机构、高校毕业生自身等多方面需要努力配合。首先，政府应该加强对高校毕业生就业市场的引导和支持，制定更加优惠的税收政策、财政政策等，鼓励企业、机构等市场主体增加就业岗位和机会。同时，政府还应该加强对高校教育体制、人才培养模式等方面的改革和调整，以适应市场需求的变化。其次，企业、机构等市场主体也应该积极承担社会责任，加大对高校毕业生的招聘和培养力度，提高他们的职业素质和技能水平。最后，高校毕业生自身也应该积极适应市场需求的变化，努力提高自身的竞争力和就业能力。

二、当代大学生就业观存在问题的主观因素

（一）学生自身发展与主观愿望的矛盾

随着经济全球化的不断深入，中西方文化交流越来越频繁，当今大学生在这种文化交融的大环境下，主体意识逐渐增强，越来越关心社会发展动向，同时他们的心理状态也发生了转变。加之在进入社会后大学生对生活有自己的认识，存在多样化的价值取向，无法准确把握自己的价值目标，在面临职业选择时也存在许多矛盾之处。例如，个人工作预期与现实之间的矛盾。个人理想与社会现实之间的矛盾。因此，大学生在择业时，难免会陷入两难境地，如有些同学面对经济利益的驱使，从事与自己的兴趣、专业不相干的工作，违背自己的内心意愿。

（二）个体价值目标的变化

改革开放四十多年来，我国的经济取得了巨大的成就，社会主义市场经济逐步占据主导地位，在这种经济背景下，大学生的思想观念也有了很大变化。

1. 经济体制的改革是大学生价值目标变化的重要原因

党的十一届三中全会确立了改革开放、把党的工作重点转移到经济建设上来的方针。经济体制的改革不只是社会经济生活的各个方面的简单改变，它是社会经济与人的主体意识之间的双向变化，其中最重要的表现是新旧观念在意识形态层面的相互摩擦与对抗。当代大学生作为知识阶层的一分子，始终保持着独立思考的能力，他们在感受社会不断变化的同时，积极地转变着自己的价值观念。

自我国全面实施改革开放以来，市场经济体制得以确立，以市场为导向的分

配模式成为主导。这一变革极大地提升了人的主体意识、独立人格的价值，使其获得了前所未有的重视。在市场经济环境下，人们的劳动积极性得到了有效激发，促使大学生们更加注重自身主体意识和社会责任感的提升，他们愈发关注社会的发展，并逐渐认识到经济利益的重要性。

2. 改革开放是大学生价值目标变化的根本助力

改革开放四十多年来，社会生活各方面已发生了巨大的转变，我国正处于社会转型时期，旧的体制结构还未完全被新的所取代，仍然发挥着推动中国伟大事业向前迈进的作用。新旧观念在这纷繁复杂的社会里相互重叠，如"学而优则仕"的传统观念与"自主创新创业"的新观念。遵照历史唯物主义，"物质是第一性的，意识是第二性的，物质决定意识"的观点，价值观是对价值关系的反映，是指导人们思想行为的最根本的价值意识，属上层建筑范畴，价值观的出现要依附于社会存在，脱离社会存在的价值观是空洞的、虚无的、不切实际的。

以社会发展为视角，改革开放是党和政府所提出的一种新的战略举措，即"对内改革、对外开放"，其目的是扭转过去旧的封闭式经济，打开中国的大门，与世界经济发展接轨，与世界先进文化融合，实现构建和谐世界的伟大蓝图。这种变化势必会引起人们的思想观念的变革，社会转型同样也是一种心理状态、价值观念和思想认识的渐变过程。大学生面临价值判断时，改变了以往的思想认识，同时，多元化价值观同样给个体价值观的形成带来了巨大冲击，许多新型价值观不断在大学生群体中形成，如存在主义、实用主义等。

3. 社会文化是导致大学生价值目标变化的主要原因

现在的大学生深受大众传媒的影响，知识面广，认识与接受事物的能力比较强，对各类文化观念嬗变最为敏感。大学阶段正是大学生逐步从依赖走向独立的重要时期，他们具有旺盛的精力去涉猎各类文化。大学生作为青年才俊，具有自我思辨的能力，开始从传统文化的束缚中走出来，逐渐向新的价值观念靠拢。但是，中国经历了两千多年的封建社会，一些传统思想依然潜移默化地影响着大学生的思想和行为以及价值观念的生成。一方面，中国社会深受传统文化的影响，和谐稳定的观念使大学生的价值取向趋向于传统、平稳的生活方式，对未来的职业选择比较保守，尽可能地降低风险。比如，有的通过考研不断提升自己，增强自己的职业竞争力；有的通过考公务员、事业编来实现自己的职业理想。另一方面，部分大学生在上学期间便开始自主发展，价值取向趋于物质利益的获取，毕业之后，希望自由创业、经商或是从事与自己兴趣爱好相关的工作。

第三节　以社会主义核心价值观引领
大学生树立正确就业观的途径

虽然当前大学生的就业形势并不乐观，但是从大多数大学生所表现出来的就业观念来看，他们仍然是积极乐观的。在面临机遇与挑战时，大学生需要从容面对，冷静思考。为了更好地营造就业环境，培育正确的就业观念，充分发挥社会主义核心价值观的导向和教育作用尤为重要。

一、加大社会主义核心价值观教育力度，提升就业观教育的顶层设计

社会主义核心价值观是社会主义核心价值体系的高度概括，坚持以社会主义核心价值观建设为指引，就是要把社会主义核心价值观从理论内化为大学生群体的自觉意识，就是要引导大学生把内化了的价值观念外化为具体的价值行为，就是要引导大学生将被动的、一时的外化行为固化成持续、稳定的自觉行动，从而全面提高大学生的思想道德素质。

（一）以马克思主义理论为指导，加强大学生就业价值观教育

以马克思主义就业观为指导，促进大学生建构"以人为本""理性"以及"自由而全面发展"的就业观，是在当前形势下解决大学生就业价值问题的基本思路。

第一，坚定马克思主义信仰。我们思想活动领域的精神支撑需要信仰来给予，信仰的本质在于人类对于力量以及生存发展的追求，也是人们对于未知事物的一种向往。正是依托共同的信仰，人类才会有强大的凝聚力和向心力。大学生身上肩负着建设中国特色社会主义伟大事业的历史重担，要使得大学生的马克思主义信仰更为坚定，需要加强马克思主义思想教育，培育大学生成人成才。

高校作为育人场所，应该始终如一地坚持马克思主义指导思想。马克思主义就业思想包含"以人为本""理性"以及"自由而全面发展"的就业观，它是对马克思主义理论思想的高度凝练与升华，具有实践指导意义。因此，高校在培育大学生的过程中，应坚持"以人为本"的指导思想，结合他们的学习状况、生活状况、情感状况等因材施教。

第二，引导大学生树立科学的人生价值目标，使个人价值与社会价值相统一。

我国正处于社会转型的特殊时期，表现出经济活动市场化、信息多元化、社会开放化和利益主体多元化的特征。随着改革开放的不断深入，一些国外的思想观念不断涌入我国，许多新型价值观不断在大学生群体中形成，如存在主义、实用主义、享乐主义等，部分大学生的价值观念越来越偏离社会的主流价值导向。

大学生要深刻领会马克思的理性就业观的精神实质，借鉴马克思这极富使命感和责任感的态度，面临就业时，要坚持个体价值与社会价值两者的统一。一方面，大学生要积极前往祖国与人民群众最需要的地方，将个人理想和社会共同理想密切结合起来，实现多渠道的灵活就业。另一方面，要实现顺利就业的目标，仍需大学生不断全面提升自身综合素质，不仅需要大学生有过硬的理论功底和实践技能，也需要大学生形成正确的就业心态，力求在平凡的工作岗位上实现人生价值和理想。

第三，大学生要将自身自由而全面地发展作为最高价值追求。人的自由而全面地发展，是共产主义社会的本质特征。社会主义社会是共产主义的初级阶段，因而理应把推进人的自由全面发展作为社会主义的本质要求，并且以此为建设中国特色社会主义的重要根据和实践目标。马克思认为，人的本质是一切社会关系的总和，强调要在社会关系、社会实践中把握人的本质，强调人的社会性，但并不排斥人的个性。然而，我国处于并将长期处于社会主义初级阶段，生产力还有待提高，大学生由于受社会发展水平的制约，不可能真正实现自由就业，这并不意味着马克思所预想的个性解放和自由全面发展，不能成为大学生就业的最高价值追求。因为随着网络化、信息化的有效普及，大学生能及时便捷地接收信息、处理信息，就业能力有了很大提升，初步获得了使个性自由发展的就业空间。

（二）以社会主义共同理想为目标，加强大学生理想信念教育

理想决定行动，信念决定追求。理想信念是人们世界观和政治立场的集中体现，大学生只有保持正确的理想信念，才能够奋发向上，居安思危，正所谓"先天下之忧而忧，后天下之乐而乐"。一个国家的民族精神和强大的民族向心力，来自全族人民共同具有的理想信念。中国特色社会主义共同理想能够充分调动全党全族人民的积极性，焕发整个社会的活力，而且还能够实现社会意识形态的"同一"。同时，共同理想为我国建设社会主义和谐社会给予了强有力的精神支撑。当代大学生是建设社会主义事业的中流砥柱，然而有些大学生存在使命感缺失、个人价值取向错误、个人信念弱化等问题。因此，要培育大学生树立起为中国特色社会主义伟大事业而奋斗的坚定信念，要充分发挥马克思主义教

育的指导作用，高举中国特色社会主义伟大旗帜，把共同理想作为构建思想信念的重要内容。

随着改革开放的深入和社会主义市场经济的发展，大学生应该学会如何正确地处理好共同理想和个人理想之间的辩证关系，高校作为育人的花园，应依托社会主义的国情教育和形势教育，激发大学生的社会责任感和使命感，使他们能够立足国情，面对当今社会所带来的各种挑战与机遇，毫不动摇地坚定中国特色社会主义共同理想。

（三）以民族精神和时代精神为核心，加强大学生爱国主义教育

爱国是中华民族的思想传统，是民族精神的最高体现。加强大学生爱国主义教育，能够使他们深刻地认识和了解中华民族的光荣历史，激发他们的爱国主义情怀，帮助他们树立团结统一、勤劳勇敢、生生不息的民族精神。改革创新体现了全党、全族人民在建设社会主义伟大事业中所展现出的时代精神。党的十八大提出了"创新驱动发展战略"，本质是指依靠自主创新，发挥科学技术推动经济社会发展的作用。对于我们大学生来讲，要深入领会改革创新的实质，挖掘自身发展的潜能，增强创新意识和开拓能力。大学生要想具备创业素质，转变就业观念，强化自主创业意识需要做到以下几点。一是掌握创业所必需的知识和提升科学地收集信息、准确做出市场判断的能力。市场经济配置人力资源的特征是人才流动，大学生要学会在流动中发现机会、抓住机会、把握机会。二是树立稳固的市场意识、竞争意识、创新意识。三是加强独立思考的能力，敢于思索，善于思索，多维度审视问题。自主创业为缓解就业压力提供了新道路，大学生应及时转变思维模式，提高自主创新能力，提高综合竞争力，建立符合自己的职业生涯规划，给现代社会注入新的活力。

（四）以社会主义核心价值观为基准，加强大学生职业道德教育

社会主义核心价值观集中体现了我国社会的价值取向和道德观念，是全体公民共同遵循的行为准则。在新时代背景下，加强大学生职业道德教育，有助于培养具有社会主义核心价值观的一流人才，为实现中华民族伟大复兴的中国梦奠定坚实基础。

第一，大学生职业道德教育应贯穿于教育教学的全过程。学校要将社会主义核心价值观融入课程设置、课堂教学、实践教育等环节，促进学生在专业技能和道德素养上的全面发展。通过思想政治理论课、专业课、通识课等不同课程类

型，引导学生深刻理解社会主义核心价值观的内涵和要求，使其内化为自身的行为准则。

第二，加强大学生职业道德教育，需要家庭、学校、社会共同努力。家庭要树立正确的教育观念，注重提升孩子的道德品质；学校要创设良好的教育环境，引导学生自觉践行社会主义核心价值观；社会要营造尊重劳动、尊重知识、尊重人才的良好氛围，为大学生职业道德教育提供有力支持。

第三，大学生自身要主动投身于职业道德教育实践中。青年人是国家的未来和希望，要有担当、有责任、有情怀，自觉践行社会主义核心价值观。在学习、工作、生活等方面，都要以道德为底线，做到诚实守信、敬业奉献、团结协作、创新进取。

第四，创新大学生职业道德教育的方法和手段至关重要。要充分利用现代科技手段，创作一批具有时代特色、贴近大学生生活的优秀作品，增强职业道德教育的吸引力。同时，加强师资队伍建设，培养一支政治信仰坚定、业务精湛、道德高尚的教师队伍，为大学生提供良好的榜样示范。

第五，建立健全大学生职业道德教育的长效机制。要将职业道德教育纳入制度化、规范化轨道，形成一套科学合理、操作性强的评价体系，确保大学生职业道德教育落到实处。同时，强化监督检查，对违反职业道德的行为进行严肃查处，彰显社会正义。

总之，加强大学生职业道德教育，要以社会主义核心价值观为基准，充分发挥家庭、学校、社会和大学生自身的积极作用，创新教育方法和手段，建立健全长效机制。通过不懈努力，培养一代又一代具有社会主义核心价值观的一流人才，为实现中华民族伟大复兴的中国梦贡献力量。

二、优化思想政治教育导向环境，提高就业观教育的渗透性

思想政治教育导向活动开展的目的，是帮助和引导人们辨别、选择、坚持一定的方向并循着这种方向而行动，其发起和展开是在特定的环境中进行的。思想政治教育导向活动所处的环境主要包括家庭环境、学校环境和网络媒体环境等。优化思想政治教育环境有利于社会主义核心价值观的传播与落实，有利于社会良好风尚的形成，进而为大学生就业观教育营造健康积极的环境，形成良好的就业氛围，促进大学生就业。

（一）以社会媒体为载体，构建大学生价值观教育的良好契机

进入 21 世纪，网络技术的飞速发展使媒体成为各种信息、文化、物质等传播的主要渠道，媒体逐渐成了解外界的窗口，是人群沟通的桥梁。因此，要充分发挥媒体的正确舆论导向作用，形成良好的网络媒体环境，构建和谐的就业文化。

随着科学技术的发展，一些招聘网站逐渐被建立起来，大学生可以根据自己的专长在"58 同城""智联招聘""赶集网"等规模比较大的招聘网站上选择岗位，但是一些公司为了一己之私，在网站上刊登虚假招聘信息，比如刻意提高工资待遇，实际岗位与招聘岗位不符合，间接收取培训费，等等。这些现象严重损害了劳动者的合法权益，是诚信缺失的表现。所以，要积极构建社会媒体舆论，净化媒体环境，杜绝不良信息的传播，形成健康积极的就业文化。首先，社会媒体要以平等的态度去审视每个职业存在的意义，通过举办相关电视栏目，积极宣传那些在偏远地区为祖国事业奋斗的人物事迹，以此感化当代大学生，激发他们的爱国主义情怀，使其积极投入基层事业。其次，社会媒体要以社会主义核心价值观为主流价值导向，大力提倡理性、科学的就业观，不断提高舆论引导效果，使宣传工作覆盖得更及时、更广泛。最后，社会媒体要提供准确的就业信息，促进社会沟通。准确的就业信息是大学生充分就业的重要保障，媒体要及时报道先进的就业经验，为大学生就业提供现成的思路与方法；在信息的公布中，要把握整体就业形势，客观地评价各行各业，既要传播当地就业信息，也要整合全国就业信息；在信息的传播过程中，要追求效率与质量的统一，秉持实事求是的原则，诚信报道。

（二）以校园为主，充分构建健康积极的校园文化阵地

校园作为人才的培育基地，有其独特的校园文化，是其校园精神之所在。校园文化属于社会文化的一部分，健康积极的校园文化的确立，能够启人心智，提高大学生的人格修养，同时有助于校园特定文化精神底蕴的形成，也有助于培育德、智、体、美、劳全面发展的大学生。大学生作为社会主义建设的接班人，他们的发展与祖国的兴衰紧密相连，高校作为培育人才的重要场所，要将社会主义核心价值观融入校园之中，引导校园文化的构建，进而促进大学生正确就业观的形成。

具体来讲，要积极组织学生在实习和就业基地、实践平台上开展社会实践、社会调查研究、社会服务等活动，通过实践教育，让每一位学生受到启发。高校

需要结合实际对大学生进行就业观教育，使大学生在社会实践中磨炼意志、升华自我。要积极开展多种校园活动，如英语演讲比赛、优秀论文评比、创业计划大赛、课外科技作品等，通过一系列实践活动进一步提高大学生的综合能力，形成求真务实、开拓创新的良好学习氛围。同时，邀请优秀的毕业生，以他们自身成功的经历开展教育课程与讲座活动，为当代大学生树立爱岗敬业、艰苦奋斗的榜样。因此，改善校园环境、建设健康积极的校园文化环境是重点，让文化的力量深深熔铸在师生员工的内心中，从而充分彰显校园环境的正面引导功能。

（三）以家庭为辅，有效发挥其价值导向的基础性作用

大学生的成长离不开家庭，不同的家庭都有着其独特的家庭文化氛围，家庭文化对大学生价值观、就业观的形成具有潜移默化的作用。为了更好地开展大学生价值观、就业观教育，家庭教育是关键的一环。家庭作为社会的最基本单元，对大学生的成长起着启蒙作用。家庭是通过血缘关系、情感关系建立起来的，家庭成员个体价值的实现，要依附于家庭。同时，家庭作为一种特殊的环境，其家庭文化和生活方式都会对大学生的思想观念、价值取向、道德情感产生影响。

具体来讲，可以从以下几方面构建健康、正确的家庭教育。一是把社会主义核心价值观融入家庭制度文化建设中。家庭制度文化建设主要就是把法制的思想落实到家庭，依照法制建立起家规、约定，以便能够更好地维护家庭生活，协调家庭成员的关系，营造和睦融洽的家庭氛围。二是把社会主义核心价值观融入家庭知识性文化建设。家庭成员文化水平的高低会间接影响大学生未来的发展方向，家长要以身作则，坚持终身学习，从学习中不断提升认识世界的能力，科学把握国家发展动向，转变传统的就业观念。三是把社会主义核心价值观融入家庭情感性文化建设。情感是维系家庭关系的纽带，是家庭成员对家庭人际关系与家庭事务的心理反应和体验。现如今，很多家长与子女之间因为思想意志不统一，理想信念相互背离。一方面，家长望子成龙，希望自己的子女未来能够做官，或者去大城市、大企业生活工作，严格把控着他们的就业选择；另一方面，现今的子女有着独立思考的能力，希望从事自己感兴趣的职业，与父母之间产生了巨大分歧。所以，作为家长要充分尊重子女的思想，在家庭当中要坚持平等民主的交流方式，形成和谐的商讨环境。同时，家长应转变思想，鼓励子女去自主创业，磨炼他们的意志，为将来打下扎实的基础，促进子女全面发展。

三、完善多元化就业激励机制，营造良好的就业氛围

仅仅依靠思想政治教育和舆论引导改变大学生的就业观念效果有限，为了更好地培养大学生健康正确的价值观和就业观，政府相关部门要改变传统认识，重视大学生就业问题，为大学生就业创造良好的环境，完善和优化现有的劳动就业制度，建立起覆盖面广的全国性大学生就业市场，拓宽大学生就业途径，增加岗位，强化大学生技能培训，努力为大学生创造实现个人价值和社会价值的机会，鼓励大学生发挥专长，自主到西部欠发达地区就业，促进人才的合理流动。

（一）完善劳动力市场建设，促进劳动力充分就业

我国正处于改革的深水区，在经济体制改革和经济发展的进程中，解决就业问题对我国经济社会长期保持稳定发展有着决定性作用，具体应采取以下措施。

1. 持续促进经济增长

经济增长是扩大就业的必要条件。目前，在我国政府的宏观调控下，经济保持平稳发展，大学生是就业的主要群体，充分解决大学生就业问题是重大任务之一。尽管国内生产总值的增长与解决就业并没有任何的直接联系，但中华人民共和国成立以来中国的经济增长确实有效拉动了就业人口的大量增长。就业是民生之本，吸纳就业是企业规模化发展之源，大力发展中小企业是我国经济发展的重要战略方针，要充分发挥中小企业在促进就业和再就业中的作用。

2. 积极推进产业结构调整

在知识经济时代，技术替代部分人力以及高科技产业对用工的特殊要求，使得就业结构发生了重大变化，结构性失业将成为不可避免的社会现象，产业结构的调整是一种行之有效的良策。应引导社会资源在产业部门之间以及产业内部优化配置，建立高效益的均衡产业结构，促进国民经济持续、稳定、协调发展。一是从优化产业结构入手，改造和重组传统产业，大力发展新兴产业，使之成为新的经济增长点，并带动相关产业发展，从而创造出更多的就业机会。二是积极优化农村产业结构，以实现农村剩余劳动力在农村内部消化与促进农村剩余劳动力向城市转移相结合，延长产业链，进一步发展乡镇企业，加快农村剩余劳动力的转移。三是要大力发展第三产业。第三产业是国民经济的重要组成部分，是衔接生产和消费的桥梁。与西方发达国家相比，我国服务业发展水平相对较低，在国民生产总值中所占的比例不高，而服务业能够为大学生提供更多的就业岗位。因

此，为了使大学生充分就业，实现劳动力逐步由第一、第二产业向第三产业转移是科技进步和经济社会发展的必然趋向。

3. 推动城市化步伐，调整就业结构

保持我国城市化与工业化的发展步伐一致，是经济与社会发展的客观要求。只有加快城市化步伐，才能将居民、企业和政府三股力量汇集起来，而这必将大大刺激城市建设投资，有助于发展第三产业，发展商品经济。而且农村人口向城市转移，为城市建设投资提供了源源不断的动力。经济的快速发展离不开城市化，它是我国社会主义建设的重要内容之一。但是，在加快城市化的进程中，需要提升工业化水平——工业化导致城市化，城市化反过来促进工业化。

4. 加大教育力度，提高劳动力素质

教育水平的高低与就业率呈正相关关系，教育水平越高，就业率就越高。随着信息化时代的到来，社会对劳动者的知识水平有了更高的要求，人力资本日益成为经济发展的主要支持要素，发展教育对提高劳动力的素质和技能水平具有非常重要的作用。目前，我们面对经济增长放缓、就业压力增大的现实，尤其要注重发挥教育对促进经济增长和解决就业问题的基础性作用。

（二）健全社会保障制度，实现社会更加公平正义

建立健全与经济发展水平相适应的社会保障体系是建成完善的社会主义市场经济体制的重要内容，是贯彻"以人为本"的科学发展观、构建社会主义和谐社会的必然要求。因此，应该加大社会保障力度。一是扩大社会保险的覆盖范围。保险对象的全面覆盖是社会保险制度健全的标志之一，应该在完善城市保险的基础上，逐步联合村镇保险，建立城乡结合的一体化社会保险制度，稳步推进，统筹兼顾，有序进行。二是进一步推进制度整合。我国现行的社会医疗保障体系由城镇职工基本医疗保险、城乡居民基本医疗保险两大基本医保制度和大额医疗费救助金等六大医保制度政策组成，应该按照社会制度的公平性、可持续性和资源优化配置的原则，积极整合制度，统一规划。三是加强社会保险资金筹措机制。完善的社会保障资金筹措机制是建立和完善社会保障体系的前提和基础。在保证政府的财政支出与社会保险费的缴纳渠道稳定的同时，还要努力寻找其他筹集资金的渠道。只有具备充足的资金来源，才能够为社会保障体系的建立提供足够的物质基础。

（三）加快收入分配制度改革，促进社会和谐发展

党的二十大报告指出，坚持按劳分配为主体、多种分配方式并存，构建初次分配、再分配、第三次分配协调配套的制度体系；努力提高居民收入在国民收入分配中的比重，提高劳动报酬在初次分配中的比重；坚持多劳多得，鼓励勤劳致富，促进机会公平，增加低收入者收入，扩大中等收入群体。

总之，在新的历史时期，我们应当用科学发展观来审视当前大学生就业观的特点与问题，积极引导大学生树立正确的就业观，推动大学生就业。这不仅需要大学生进行自我完善，还得依靠全社会的共同努力。一方面，国家通过政策支持，完善劳动力市场、社会保障体系，优化收入分配改革，缩小区域、行业之间的差距，以营造公平公正的就业市场环境、职场环境；另一方面，提升高等学校的教育质量，提升大学生的综合素质，增强他们的职业竞争力。同时，大学生自己要不负众望，不断地学习先进知识，升华自我，提升自我，努力成为 21 世纪的优秀人才。

第七章　大学生创业价值观
教育的实现路径

　　任何一种教育模式，只有具备了切实可行的实现路径，才可能在教育实践中发挥作用。大学生创业价值观教育是一个"内感于心、外化于行"的教化过程。这就要求，它的实现路径不仅应包括以课堂教学为核心的显性教育路径，而且应包括以文化化人为核心的隐性教育路径以及以思想转变为核心的教育者培养路径。

第一节　以课堂教学为核心的显性教育路径

　　课堂教学在教育活动中处于核心地位，是显性教育实施的重要平台与载体。大学生创业价值观教育以课堂教学为核心的显性教育路径，并不意味着要增设一门或者几门创业价值观课程，而是要将创业价值观教育的先进理念有机地融入现有的创业教育与专业教育之中。目前，创业教育的课程定位存在两种倾向：一是关注课程对创业行为的影响，重点强调教育能否帮助大学生毕业后尽快实施创业行动；二是关注"培养事业心与开拓技能"，重点强调教育能否提升学生的综合素质。然而，这两种倾向在创业课程的实践中都遇到了瓶颈。前者过于窄化，将大部分学生挡在了创业教育课程门外，致使创业教育课程建设"热情有余、作为不足"，限制了高校创业教育课程的全面推广；后者过于泛化，过分夸大了创业教育的责任使命，致使创业教育课程建设"无所不能却很难落地"，限制了高校创业教育的纵深发展。大学生创业价值观教育的显性教育路径，就是要变革这种由于过度追求工具取向而引发的教育定位偏差，引导学生在创业学习、体验与实践中建立全面、理性的价值认知，同时帮助他们在知识获取与技能训练的过程中逐步养成坚定的创业信念，通过唤醒他们的社会主人翁意识，激发他们实现创业理想的深层次动机，从而汇聚推动创新型国家建设的巨大动能与磅礴力量。这一教育路径包括四个主要环节。

一、创业启蒙课程

创业启蒙课程是一类面向全体学生的创业基础课程。目前，高校对创业启蒙课程的理解存在一些偏差，倾向于将创业启蒙课程的目标狭义地理解为让学生在思想认识上"接受创业"。那么基于这一理解，创业启蒙课程就会将教育的重点放在如何实现学生认识的转变上。在当下很多创业通识课程的教学活动中，我们经常可以看到教师不遗余力地通过商业精英的创业传奇、精英校友的创业事迹、朋辈同学的创业故事等去展示创业能为学生带来的种种益处。然而，我们无法回避的是，这种宣讲式的说教往往并不能达到预期的教学效果，即便教师通过超强的教学感染力触动了学生的心灵，但是如果这份触动没能及时在实践活动中得到进一步的印证，那么它也会很快消逝，难以演化为学生思维上的变革与行动上的转变。创业启蒙课程旨在通过培养与训练学生的创业思维方式和行为模式来唤醒学习者的创业意识，如何指导学生在相对安全与自由的环境条件下打破现有的思维惯性，完成创业的实践体验与挑战，进而在行动中建立对创业这种职业模式的价值认同，是该阶段课程的核心任务。这就要求，创业启蒙课程的目标定位不能够止于大学生思想上的接受，更要重视他们行动上的体验与习惯上的养成。教师需要通过创造某种适合创业的环境氛围，鼓励学生参与创业的实践体验，在指导他们完成创业挑战的过程中为他们注入一种全新的思维方式与行为模式，并引导他们发掘这种变革能够带来的价值意义，最终实现他们对创业"自内而外"的价值认同。这需要注意以下两个层面。

第一，创业思维方式的训练。思维方式主要反映人们看问题的角度与层次，它决定着个体的行为模式与生活态度。创业思维方式是在脑科学研究的基础上所探究的创业者所具备的深层次特质，是一种在不确定情景下实现价值最大化的普适性思维。它与传统管理思维的不同主要体现在如下五个方面。一是过程视角不同，创业思维指向事物创建过程中的突破性问题，而管理思维指向市场成长过程中的发展性问题。二是目标视角不同，创业思维指向的是对从未达到的预期性目标所进行的探索性尝试，而管理思维指向的是对曾经实现过（包括本人实现或他人实现）的具体性目标所采取的复制性或优化性行动。三是资源视角不同，创业思维主张从现有资源出发先着手行动，依据行动过程中的需要随时创造性地整合资源，而管理思维主张先进行资源储备，待条件成熟后再实施行动。四是计划视角不同，创业思维注重在快速迭代的行动过程中不断修正并完善计划，而管理思维注重在行动实施之前做好翔实的调研与周密的计划安排，在最大程度上确保一切尽在掌握之中。五是结果视角不同，创业思维旨在提出新策略、创建新模式、创造新事物等，而管理思维旨在更有效地完成任务或达成目标。由此可见，创业思维的提出并不是对传统管理思维的升级换代，而是一种拓展与延伸。创业启蒙课程就是希望通过一种全新的思维方式，帮助人们更加全面、准确地认识事物，更加科学、有效地解决问题，从而破解以往由于某种思维惯性而遭遇的各种现实发展瓶颈。

第二，对创业人生发展取向的设计。互联网技术的迅猛发展将人类推向了开放化的时代进程，人们在快速获取大量信息资源的同时，也无时无刻不受到各种可能随时发生的变革的影响。在这个全新的时代背景下，以往以预测与计划为主的人生发展方式遭遇到越来越强烈的现实挑战，一种立足当下以行动和创造为主的人生发展取向呼之欲出，也就是我们所说的创业人生。所谓创业人生方向，就是以创业的人生态度为指导的一种价值取向与生存模式，是创业思维方式在人生设计规划领域的实践与运用。它与传统人生方向设计的区别主要体现在以下两个方面。

一是从工具性到目的性的价值取向转变。一般来说，人生发展包括四个基本层次：首先是任务取向的，即达成一个个的既定任务目标是个体人生发展的基本目标；其次是工作取向的，即通过社会劳动获得薪酬与认可，实现个体的社会化过程；再次是职业取向的，即在某种职业身份归属所唤醒的个体深层次内在动机的驱使下所拥有的工作态度；最后是事业取向的，即指向个体终极价值理想的生存模式。我们可以发现，前两个层次是基于外界需要的，是将人生作为达成某种目标的工具所进行的被动的适应性设计，而后两个层次则充分考虑到个体的内在需要，将人生的过程本身作为一种目的，在这一视角下去探索它所能够带来的意义与价值。这种目的取向的人生设计方式也就是我们所追求的创业人生方向。

二是从"计划后行动"到"行动后反思"的行为模式转变。传统以人生设计方式为重点强调对设计的科学性、准确性以及可行性的前期论证，学生的所谓人生发展方向往往要在获得家长的默许、教师的首肯、朋辈的印证以及社会各界的认同后才能不被视为一种空谈。然而，在这个复杂烦琐的论证过程中，在各种立场不同、观点各异的争论中，学生往往不知不觉地陷入了进也不是、退也不行的双重束缚之中。这不仅让他们遭遇了双重否定带来的意义冲击，而且还极大地挫伤了他们对未来人生的美好憧憬。对创业人生的设计就是要将预测式的方向设计转化为实践式的体验设计，鼓励学生将人生设计分解为无数个可以马上行动的实践活动，不去耗费过多精力在众多指向未来的假设式预案中论证哪个更为合理，而是在一个个实践体验中去印证哪个更加有效。

创业启蒙课程的内容要求决定了创业启蒙课程的形式。我们要充分利用通识课程平台，实施针对创业基本知识与基本方法的理论教学活动，将创业大赛、企业家论坛等校园活动进行科学的课程化改建，将其以活动课程的形式纳入创业启蒙课程群。

二、创业融入课程

创业融入课程是一类与专业教育相结合的创业发展课程。大学生与其他劳动者相比，拥有的最好资源就是通过高等教育获得的专业能力。大学生在创业过程中只有很好地发挥这一优势，才能在价值创造的过程中充分体现出区别于他人的专属特征。这就要求，大学生创业教育不能是一门游离于专业教育之外的补充性课程，而是要真正融入高等教育的专业教学之中。目前，创业教育与专业教育的融合式发展已经逐渐受到高等教育者的关注，但是在方法论问题上仍然缺乏具有公信力的理论与实践范式。创业融入课程旨在以专业教育为平台发展学习者的创业能力，如何帮助学生运用开拓性思维丰富现有的学习模式，运用创新性思维去挖掘专业知识中的创业机会，运用整合式思维去汇聚相关资源，从而提升他们将专业知识转化为社会价值的综合素质是本课程的核心任务。这就要求，创业融入课程不仅要关注创业教育与专业教育之间嫁接式或嵌入式的融合，而且也要重视创业教育的先进理念对发展专业教育的教学方法与学习方式所具有的积极意义，既要引导学生将创业思维运用到专业学习过程之中，提升他们在认知层面的素质，又要鼓励学生将专业知识转化为现实生活中的创业行动，推动他们在实践层面的能力发展。

创业融入课程主要适用于实践性相对较强的学科，如艺术设计、电子工程、机械制造等应用性学科。在传统的教育过程中，应用性学科重点指向按照某种社会需求培养具有某项专业技能的人才。然而随着科学技术的高速发展与互联网时代的到来，这种培养方式遭遇了前所未有的挑战。一方面，技术的快速迭代使应用性学科的培养方案难以掌握社会发展的现实需要，往往在学校教育刚刚察觉到社会对某项技术的需要并启动实施相关培养策略时，该项技术就面临着革新甚至淘汰。另一方面，单一指向的技术型人才已经不能满足社会发展的需要。科学技术的进步使越来越多的技术性工作逐渐被机器所取代，即便是专业技能极强的工程师所从事的操作性工作也可能被机器人所取代。同时，互联网的发展进一步打破了各个行业之间的信息壁垒，所谓"独门秘籍""武林绝学"已经逐渐消失，世界上一个人破解了难题很快就会家喻户晓。由此可见，未来社会的难题已经不在于问题本身，而在于能不能从复杂的表象中找准问题的内核，整合资源去探究解决问题的路径。然而，问题并不会按照专业或者行业的边界分类出现，只有通晓不同领域的复合型人才能发掘表象背后解决问题的线索链，进而提出有效的对策。基于此，创业融入课程并不仅仅是增设或者改造几门带有创业元素的专业课程，而是要运用创业教育的先进理念变革现有的应用性学科专业课程体系。

（一）课程目标的变革

美国斯坦福大学提出的 T-Shaped 理想人格原型指出，未来社会的真正人才不仅需要具有纵深层面的专业素质，还要注重培养能横向跨界的创业能力。创业融入课程就是要引导学生运用创业者的思维方式与行为模式去学习专业课程，不再满足于对某类知识的获取或者某类技能的习得，而是更加注重促进知识实现资本化的过程。如何才能从专业的学术视角敏锐地察觉到社会在当下甚至未来的某种潜在需求，如何才能创造性地整合现有资源从而提出行之有效的解决方案，如何才能使这些想法得到用户的认可并创造新的价值，是创业融入课程实施过程中教师与学习者共同关注的焦点问题。这就要求，创业融入课程一方面不能仅仅满足于传授某一类专业知识或者培养某种专业技能，而是要更重视培养学生敏锐洞察新需要、及时扩展新知识、有效升级新技术的专业发展能力；另一方面，不能单纯局限在某一学科实施教学，而是要从创业者的视角出发运用跨界的思想引入相关学科的理念、知识与方法，帮助学生明确在未来不同创业发展阶段的专业发展路线图。

（二）教学模式的变革

创业融入课程主张基于建构主义变革当下专业课程的知识观、学习观与教学观。现代建构主义认为，尽管事物是客观存在的，但对事物的理解和意义的赋予是由个体自己决定的。创业融入课程就是希望打破现有的以知识结构为逻辑的学习与教学模式，充分体现学习者在教学活动中的主体地位。专业知识不再是客观、准确的权威性存在，而是一种学习者在现实情境之中不断发掘、创造出来的实践智慧；专业学习不再是专业知识录入、存储、提取的信息积累过程，而是一种学习者自身基于某种情境需要，在建构新的知识与经验的同时，对已有知识、经验以及信念体系的改造与重组；专业教学也不再是教育者对学习者的单向式灌输，而是教育者通过某种教学环境的创设或者某类学习共同体的组建，促进学生在解决问题与合作交流的过程中自发地生长出新的专业知识与经验。

综上所述，创业融入课程就是运用创业教育的先进理念，将应用性学科的专业课程由存在主义转化成建构主义，最大限度地调动学习者的参与积极性，突出专业课程的实践性特征。它既为专业教育的纵深发展破解了现实的瓶颈问题，又为创业教育的全面推进提供了有力的平台保障。

三、创业精英课程

创业精英课程是一类面向已经拥有一定程度创业动机的学生开设的创业实务课程。目前，大多数高校开设的此类课程主要是为有创业意向的学生提供短期的创业技能培训。然而，虽然随着创业研究的不断发展，人们逐渐在专家学者的学术成果与创业者的实践经验之中发掘了大量的创业基本规律与方法，但创业者的成功不仅不能被他人迅速复制或者模仿，甚至连他们自己也很难在新的环境条件下重现昨日的创业历程。由此可见，以短期集训的形式实施的创业实务课程已经不能满足学生的实际需要。创业精英课程旨在引导学生在创业实践过程中建立正向的创业信念，而如何帮助学生将创业的主观意愿转化为具体的创业行动，如何在学生的创业行动中扩展并强化他们对创业的积极信念，如何将创业信念植入学生的创业实践过程中，如何平衡学生在创业过程中所遭遇的价值冲突是本课程的核心任务。这就要求创业精英课程搭建起"创业意识—创业行动—创业信念"三者的良性循环机制，引导学生在创业意识的内在动机驱使下及时将自己的创业想法转化为创业行动，在实施创业的过程中有意识地培养、激发他们正向、积极的创业信念，从而在这种信念的支撑下帮助他们坚定克服困难的决心，最终在创业目标实现后进一步认同并强化当初的创业选择。

第一，基于实践体验的创业实务培训。创业动机需要得到技能的保障才能得以实现与发展。创业实务培训就是要为学生的创业动机实现行动转化提供方法上的助力与技术上的支持。目前，这种实务培训仍主要浮于表面，教育者习惯以创业的实施过程为线索，对蕴含于其中的共通性方法与技术进行阐述性的讲授。然而，对于创业这种复杂的社会实践活动来说，在包罗万象、形式各异的创业行动中找到的所谓共性，往往只能是一些初级层面的基本程序或者基本要求，很难触及关乎创业成败的核心技能与方法。在信息化如此发达的今天，这种课程模式显然已经远不能满足学生创业发展的实际需要。尽管有时候教师也会在教学过程中引入适当的案例，期待以此来提高学生对方法的理解程度与运用水平，但遗憾的是，由于受到学习者创业认知水平的限制，他们往往很难在教学案例与自己在创业实践中遇到的现实问题之间找到某种联系，自然也就发现不了内含于其中的借鉴价值与意义。因此，此类课程的教学效果一直没能得到较高程度的认可。创业实务课程的目标指向学生的创业行动转化，教育者在课程实施的过程中要充分发挥实务类课程的实践化特征，既要运用理论有效破解实践中遇到的瓶颈问题，又要运用实践中的经验进一步丰富与发展理论。首先，在教学设计中，要充分考虑到每一位学生正在筹划或者已经着手实施的创业项目的进展状况，按照不同的创业项目类别、进展状况、实践困境以及改进策略等组织个性化的教学活动。其次，在教学过程中，教育者可以运用绘制创业行为地图等方式，鼓励学生在掌握创业的基本程序与要领的同时，将自己的亲身经历或者正在筹划的创业计划与其他学生进行分享，将实务性的教育活动与解决学生遇到的现实问题紧密结合起来，实现在解决问题的过程中开展教学，在实施教学的过程中解决问题。

第二，基于课程改造的创业模拟训练。如果说创业实务培训是创业行动前的预演，那么创业模拟训练就类似于战前练兵。目前的创业模拟训练教学活动存在以下两种误区。一是过分要求程序上的整齐划一以及方法上的准确无误。这种误区一般来源于某些模拟沙盘的使用，教育者将模拟沙盘游戏中的技巧误当成了模拟训练的目标，从而将学生带入了貌似只有在某一环节做了什么或者没做什么才能取得创业成功的误区。二是将学生能够体验到成功的乐趣视为建立正向创业信念的唯一途径。很多教师认为，学生刚刚燃起的创业热情还经不起失败的打击。因此，他们尽量为学生创设一个真空无菌的生长环境，以确保创业模拟项目的顺利实施与发展。然而，不经历风雨的小苗在真正遭遇社会浪潮的风吹雨打后必然很难存活下来。这也就是我们经常看到的很多在创业大赛中夺得头筹的创业团队在毕业后并没有选择创业的重要原因之一。因此，创业模拟训练不仅要让学生在教师的帮助下体会成功的乐趣，而且更要让他们能够承受失败的考验，只有在尽量还原社会环境的自然状态下的战前训练，才能帮助学生建立客观、真实的创业信念体系，从而坚定他们未来选择创业、实施创业的决心。这就要求，创业模拟训练不仅要在整合资源、把握机会、创造价值的创业行动过程中给予学生经验上的指导以及能力上的培养，而且要引导他们通过课程教学的形式，系统地分享创业实践过程中的内心感受，既包括对取得阶段性成功的经验总结，也包括在承受失败打击后的理性反思。这种课程教学指导下的反思，实质上就是一个创业信念生成的过程，学生对创业成败的归因方式才是决定他未来创业信念强弱的重要因素。既不能将成败全部归因于外界因素，从而或患得患失或怨天尤人，也不能将其全部归因于自己的内在因素，进而或好大喜功或妄自菲薄。只有通过理性反思对创业成败建立科学的归因方式，才能将理性的创业价值观念真正转化为积极、正向的创业信念。

创业精英课程一般可以采用创业辅修专业、创业精英班等形式具体实施。一方面，要充分鼓励高等教育内部不同专业、不同研究方向的专家学者积极参与到创业精英课程的教学活动之中，既可以尝试将学校的科研成果转化为可以应用推广的新产品、新技术、新服务，又可以帮助学生破解在创业过程中遇到的各种疑难问题；另一方面，要始终坚持以学习者的创业需求为指向组织教学活动，课程可以采用专题的方式具体实施，但是不可以追求以"短平快"的方式速成，既要关注学生技术问题的解决，又要关注学生精神层面的成长。

四、创业支持课程

创业支持课程是一类面向初创企业者的创业延续性教育。目前，高校创业教育课程往往止于大学生在校期间，而这恰恰反映了当前高校创业教育课程设计的结构性缺失。因为我们无法回避的是，无论教学设计多么完善，学生在实践过程中总会遇到各种不可预知的问题与困难，更何况对于创业这项本就需要面临更多未知与不确定性的发展方式。由此可见，为初创企业者提供创业后续支持课程既是大学生创业者本人的现实需要，同时也是高等教育提升服务社会的贡献度的内在需求。创业支持课程旨在引导学生在创业实践过程中强化并确认创业发展的价值理念，如何为刚刚启动创业行动的大学生提供"扶上马、送一程"的延续性教育与支持，如何在这种指导与帮扶的过程中进一步唤醒他们的创业意识，进而发展为一种自内而外的精神追求与价值取向是本课程的核心任务。这就要求，创业支持课程要充分发挥高等教育的"智库"优势，依托专题课程与互动教学等形式帮助初创企业者扩充"智力资本"容量，有效提升他们的创业项目的市场竞争力。同时，这类课程还可以有效地引导创业者参与教学，提供创业实战中的真实案例，有效地促进创业缄默知识显性化，这对创业课程教学实现教学相长具有不可替代的作用。

第一，对初创企业者的智力支持与技术辅导。目前，一些高校已经尝试通过创业园、科技园等形式对大学生初创企业者提供相关的指导与扶持，然而这些指导与扶持大多呈现出片段式、随机性等特征。创业支持课程要采用项目跟踪制的形式，为每个学习者或者团队聘请专门的顾问，全程参与到初创企业者的项目实施过程之中。这里要说明两点：一是所谓专门的顾问并不意味着只有一人指导。创业支持课程为初创企业者提供的专门顾问，需要在全局上掌握初创企业的项目进展情况、未来的发展计划以及潜在的市场危机等情况，继而根据自己在该领域的经验与资源确定初创企业者需要得到哪些方面的帮助与支持。这些帮助与支持有可能来自他本身或者现有资源，也可能需要相关专家帮助搜寻并转介。也就是说，专门顾问是企业使用高等教育"智库"资源的数据调用器。二是所谓全程跟踪并不意味着要全程指挥。顾问并不是老板，并不能按照个体的经验与判断为初创企业的发展做出决策，而是应给出合理化的建议或者提供相关的资源和帮助。因此，创业支持课程并不是要指挥初创企业者该如何创业，而是要为他们配备一个可以移动的"外脑"，帮助他们有效地吸收借鉴以往的创业经验，整合多方社会资源，最大限度地促进知识资本化的创业进程。

第二，对初创企业者的社会责任感的培养。市场经济的迅猛发展在使物质财富快速积累的同时，也使人们产生了将经济利益视为唯一追求的负面价值取向。极端利己主义、拜金主义等价值观念冲击着初创企业者的创业价值体系。如何引导他们在价值追求的过程中突破"经济人"的角色局限，站在人的本质——"社会人"的立场重新审视个人的价值需要以及面临的价值冲突，是创业支持教育的又一目标指向。这就要求，创业支持课程的教育者不仅是能够为初创企业者提供技术指导与智力支持的创业教练，还要是能够发起精神感召的人生导师。一方面，创业支持课程需要引导学习者打破感性经验与功利局限的束缚，不仅要关注企业发展能够带来的经济利益，而且要重视创业行为引发的精神价值；另一方面，课程还要引导他们超越个人狭隘主义的价值观，将企业内部的价值需要与社会整体的价值追求统一起来，在社会需要中寻求企业的发展机遇，在企业发展的价值创造中助力社会价值追求的实现。只有在初创企业者的价值创造路线图中实现了企业价值与社会价值的内在统一、协同发展，才能真正唤醒他们的社会主人翁意识，塑造正向、积极的创业价值信念体系，实现真正意义上的创业社会价值认同。

综上所述，大学生创业价值观教育的显性教育路径主要依靠以创业启蒙课程、创业融入课程、创业精英课程与创业支持课程为核心的创业教育课程体系来具体实现。一种价值观的培养既不能单纯依靠某种思想上的共鸣，也不能完全寄希望于学习者完全意义上的自我觉醒，而是要通过引导学习者在相对安全的环境下参与某种思维的尝试或者行动的体验，从中建立某种意识，继而有意识地发展某种能力，在拥有了一定程度的信心后，进而实施某种实践活动，最终在反复的实践体悟中不断强化并最终确立某种价值理念。大学生创业价值观教育就是要遵循这种价值培养的客观规律，引导学生在创业启蒙课程的思维启发中形成创业意识，在创业融入课程中发展创业能力，在创业精英课程中体验创业的价值，在创业支持课程中唤醒创业的价值追求。同时，这四类课程并不是彼此分立发展的，而是相互支撑、相互促进的。这种支撑与促进不仅体现在初级阶段教育对高级阶段教育的地基式作用，而且体现在高级阶段教育对初级阶段教育的"反哺"。例如，创业支持课程中学习者在创业过程中的成功策略与失败经历，创业精英课程中学习者在创业模拟训练中的成长过程都可以作为创业启蒙课程与创业融入课程的宝贵教学资源，提升课程教育的针对性与实效性。

第二节　以培养文化素养为核心的隐性教育路径

教育过程实质上就是以文化化人的过程，是将人类已经发展起来的先进文化成果转化为个体内在本质力量、促进人的精神生活全面发展的过程。大学生创业价值观教育，是一项旨在传承创业文化灵魂、整合社会精神资源、提供全面价值关怀的教化活动，它不仅包括知识内容的传递与方法技巧的讲授，而且包括生命内涵的领悟与意志行为的规范。这就要求我们不仅要关注以课堂教学为核心的显在文化素养培养路径，更要重视以社会生活为核心的隐在文化素养培养效果。文化，从广义角度讲，有物质文化与精神文化两分说，物质、制度、精神三层次说，物质、制度、风俗习惯、思想与价值四层次说，也有物态文化、制度文化、行为文化、心态文化四层次说。因此，大学生创业价值观教育的隐性实施路径的实质就是，以人类的物态文化、制度文化、行为文化、精神文化的方式教化学习者，并将中华传统文化与创新创业的时代思维通过文化传递的方式交给年轻一代，从而启迪他们在自由天性的感召下迸发出无穷的创业激情与智慧。具体来说，包括以下四个主要环节。

一、物态文化素养培养路径

物态文化是人类在征服和改造自然的过程中形成的文化成果，是人类物质生产活动及其产品的总和。在大学生创业价值观教育的过程中，所谓物态文化化人路径，就是指教育者通过营造良好的创业文化环境、配备先进的创业文化设施、设计有特色的创业元素装饰等方式，将这些散发着创业气息的物态文化变成一种"静态"的心灵导师，帮助学习者在不知不觉中参与到创业的实践体验中，在无形的创业文化洗礼与熏陶中促进他们对创业理念的价值认同。

　　掌握一种教育路径的逻辑前提就是要明晰这种教育各要素间的相互关系以及运行模式，不同逻辑层面的教育具有不同的特点，也就存在不同的教育机制。大学生创业价值观教育中的物态文化化人路径主要是依托暗示与环境感染等教育机制来具体实现的。所谓暗示，是指在无对抗的条件下，用某种间接的方法对人们的心理和行为产生影响，从而使人们按照一定的方式去行动或接受一定的意见、思想。在物态文化化人的过程中，大学生创业价值观教育中的暗示机制主要是指教育者通过环境、设施、雕塑、建筑等传递某种创业价值理念，引发学习者接收某种信息刺激，进而在潜移默化中唤起他们的创业价值共识。也就是说，创业价值观教育通过物态文化实施的暗示教育必须遵循以下两个基本原则。一是暗示教育必须能够激发学生的某种思想共鸣。并不是所有的外界刺激都可以视为一种暗示，校园之中的创业警句名言如果不能引发学生的思想触动，就不能完成其暗示教育的作用。二是在暗示教育的过程中，教育者与学习者之间不能存在对抗性的心理状态。也就是说，我们不能试图通过命令要求或者说服劝告等方式勉强要求学生接受某种形式的教育暗示，否则只会适得其反。一般情况下，创业价值观教育以物态文化实施的暗示教育大体包括两种主要形式。一种是直接暗示：学习者在物态文化中无意识地直接获取到某种创业教育所要传达的内容，比如很多高校建设的创新创业成果展览馆、创新创业文化墙等；另一种是间接暗示：教育者通过某种中间媒介的引发，让学习者通过非直接的方式获得某种教育。例如，厦门大学的芙蓉隧道，就是通过建造一个具有"未完成性"特征的校园景观来间接地暗示学生勇敢释放自身的激情与活力。在香港的很多大学，我们也可以经常看到在图书馆、展览馆、博物馆的墙上特别留出了可以涂鸦创作的空间，这些设施的设计正是用无声的方式向学生暗示着"要勇于表达自己的态度、敢于阐述自己的想法"的创业价值主张。

　　环境感染是另一种大学生创业价值观教育中物态化人的教育机制。所谓环境感染，就是指教育者通过创设一种环境，使学习者在进入这一环境之后能够自觉地产生一种类似的心理状态或者行为模式。创业价值观教育成功的关键在于能否将思想上的触动及时转化为实践中的行动，进而在实践中获得印证及强化。也就是说，让学习者尽可能多地处于一个"鼓励创新、包容失败"的现实环境之中，这是达成教育目标的一个重要前提与客观要求。在这一过程中，一般要遵循两个基本原则。一是创设的环境要贴近学生的现实生活。物态化人机制是一种无形的教育方式，即教育者需要让学生在无意识的情况下进入事先预设的环境中。也就是说，我们为创业价值观隐性教育所创设的环境一定是本来就存在于学生的现实生活中的，如教学楼、自习室、图书馆、学生活动中心等。二是创设的环境要能够指向学生的现实需要。学生的现实生活轨迹是相对稳定的，那么依据动机原则，他们在没有特殊需要的时候鲜有可能进入一个全新的环境空间去参与无目的的体验。也就是说，教育者创设的环境必须能够满足学生的某种价值需要，例如，能够满足学习需要的环境，能够满足生活需要的环境，能够满足娱乐以及社会交往需要的环境等。一般来说，创业价值观教育的环境感染机制主要通过两种形式来实现。一是建设专门化的创业实践空间。例如，很多高校建设了创新创业实验室、创业孵化园、创业体验基地等。学校通过为学生提供创业场所并配备相应的基础设施的形式，自然地将他们引入创新创业的现实情境中，在自发的"经验感知—体验体认—实践外化"的创业实践过程中，自觉地实现创业价值认知从感性到理性的飞跃。二是设计开放式的校园文化环境。在校园建设中，要营造鼓励学生"愿意表达、敢于批判、勇于创新"的环境氛围。例如，有些高校改变现有的教师台上讲、学生台下听的传统课堂结构，引入互动式的课堂风格，使教学活动在一个充分平等的环境中进行。也有一些高校通过开设创意休闲吧、奇思妙想室等开放式空间的形式，鼓励教师与学生将一些尚不成熟的创新想法与创业点子进行充分的展示，在互动中激发他们深层次的创造活力与创业热情。

二、制度文化素养培养路径

人类在社会生活中结成一定社会关系的同时，也创造出了一系列处理人与人（个体与个体、个体与群体、群体与群体）之间相互关系的准则、规范，形成了各种各样的制度，从文化角度讲这就是制度文化。创业制度本身就是一个国家或者群体对创业的基本态度、价值理念以及行为规范的集中反映与体现。因此，所谓大学生创业价值观教育中的制度文化化人路径，就是要将隐性的创业价值观教育融入创业制度的运行实践中，通过激励与支持政策厚植创业文化发展的土壤，通过规范与约束政策明确创业发展的社会价值坐标体系。

制度文化化人路径主要依托激励机制来具体实现。所谓激励机制，是指在组织中用于调动其成员积极性的所有制度的总和。在大学生创业价值观教育过程中，制度文化激励机制不能被狭隘地理解为个体在某种利益诱导下而表现出的服从某种安排或者执行某种指令的使役性行为，而是要将其作为一套能够充分调动拥有不同需要与个性的大学生参与创业的创业制度文化体系。它不仅包括鼓励创业的拉动激励机制，而且包括支持创业的推动激励机制，同时还包括将外在激励转化为内在驱使的自动激励机制。具体来说，体现在如下三个方面。一是拉动激励机制。在物理学中，拉力是指由施力物体发出并指向施力物体的力的作用，一般用于上方物体对下方物体、前方物体对后方物体的施力过程。大学生创业价值观教育过程中的拉动激励，主要是指教育者以制度文化的形式鼓励学习者参与创业的实践体验，既包括创新创业年度先进人物表彰等表彰激励制度，又包括在高校人才培养方案中明确创新思维与创业能力的培养目标要求，在教育教学评估过程中增设创新创业教育绩效考核指标等目标激励制度。二是推动激励机制。所谓推力，一般是指由施力物体发出但指向受力物体的力的作用，一般用于促使受力物体达到或者保持某种运动状态的过程。大学生创业价值观教育过程中的推动激励，主要是指教育者在学生创业的过程中，通过提供资金支持与政策保障等形式推动他们创业发展的外驱动力。在资金支持方面，既包括通过各级各类的创业大赛为优秀创业项目提供启动资金支持，又包括为创业者提供低息或免息的商业贷款，创业期间的生活补贴、培训补贴等；在政策保障方面，既包括在创业园、科技园中为扶持大学生创业所提供的各种支持保障制度，又包括政府通过设立研究课题、委托项目等形式鼓励高校、科研院所以及相关机构积极参与扶持大学生创业的相关制度。三是自动激励机制。所谓自动，是一种摆脱外力而依靠内力实现或保持运动状态的动力机制。大学生创业价值观教育过程中的自动激励机制，就是指通过建立多方共赢的利益链、营造具有共识性的创业文化生态体系等方式，将促进个体创业的外部动力转化为内在动机，实现创业的可持续发展。由此可见，一个健全的激励机制需要完整地包含以上三部分的内容，只有这样才能形成良性循环，使大学生形成价值认同与实践动力。

激励机制的三类激励模式，决定了大学生创业价值观教育中的制度文化化人路径包括四种基本实践范式。一是行为导向制度。这类制度指向社会主导的创业发展方向以及秉持的创业价值理念。在制定此类制度的过程中，不仅要明确创业所倡导的思维方式、行为模式以及价值体系，同时还要明确不同个性与特质的人群所适用的激励诱导因素之间的差异，只有时刻把握"因事而化、因时而进、因势而新"的基本原则，才能将个体的创业生存模式与社会主流的创业价值诉求相契合，确保个体的创业价值判断符合社会倡导的创业价值理念。二是行为幅度制度。这类制度指向激励机制中的诱导因素对激发大学生创业行动的量的控制。期望理论告诉我们，激励力量取决于激励客体对奖酬的效价（即价值评价）与期望值的乘积。也就是说，并不是给予学生越多的经济支持或者政策保护就越能激发他们的创业动力。激励力量不足会使学生缺乏参与创业体验的外在动力支撑，然而过度的激励诱导因素同样也不利于他们创业行动的推进与发展，甚至还会引发对激励的依赖性，致使他们失去对创业行动本身的价值诉求以及内在发展动机。三是行动时空制度。这类制度指向激励制度在时间和空间上的规定。一方面，创业是一项立足当下的实践活动，由此，对于创业的激励制度也要注重明确激励的时间与空间，以促进其在快速行动中以迭代反思的方式实现成长与发展；另一方面，我们也要充分认识到，创业思维方式与行为模式的培养绝非一日之功，创业教育的激励制度不能指向在规定时间内对学习者实施创业行动的量化要求，而要指向在规定时空范围内有效实施教育活动的目标要求。四是行为归化制度。这类制度指向对创业行为的规范与约束。它是社会创业价值标准的具体体现，也是大学生参与创业实践的行动依据。它既包括鞭策学生积极参与创业实践的监督制度，又包括针对创业过程中的消极行为的惩罚制度。

三、行为文化素养培养路径

行为文化是人们在人际交往中体现出来的文化。创业价值观的形成，不仅要看主体在思想上如何认识，而且要看他们如何在行动中实践。可见，学生在行为文化层面接受的创业思维熏陶与文化渗透，其影响力绝不低于正面教育时所进行的知识传授与思想灌输。大学生创业价值观教育中的行为文化化人路径，就是要引导学习者将师生在教学活动、日常交往以及文化活动中所体现的创业思维、行为模式以及价值取向作为自身发展的范式，通过模仿的学习机制，自觉地将创业价值理念内化为个体的生存模式。

明确大学生创业价值观教育中的行为文化化人路径，首先要正确认识在这一过程中发挥关键作用的育人机制——模仿学习。模仿学习是文化学习的重要方式，从社会心理学的视角出发，模仿的概念中既包括有意识的自觉模仿，又包括无意识的自发模仿；不仅包括行动举止上的模仿，而且包括思维方式、处事风格、情感表达以及价值取向等深层次的模仿。大学生创业价值观教育文化化人路径中的模仿机制，是一种指向身心协调发展、知行融合的整体性活动。这就要求，在模仿机制的运行过程中需要明确以下几个核心问题。

一是模仿关系的确立需要以模仿者与被模仿者之间具有某种密切联系为逻辑前提。一般来说，模仿需要基于个体对他人的某种认同。这种认同可能来源于某种相同或者相似的经历，可能来源于某种社会舆论的导向，也可能来源于某种人格魅力的感染或者某种共同价值理想的感召。不同层次的认同会引发不同深度的模仿，朋辈之间的模仿往往带有尝试、体验的色彩，而对偶像、精英的模仿有时会触及对价值取向或生存模式等深层次的学习。二是模仿学习是一个包括注意、选择、保持、改造、行动等的复杂的过程。这就是说，一方面，行为文化化人路径中的模仿过程从人们观察到某种行为之后就已经开始发生，但是它必须经历一个复杂的内化过程才能在行动层面有所体现，然而这一过程又往往以潜隐的方式存在，因此，创业价值观教育的模仿过程一般具有一定程度的延迟性；另一方面，对通过模仿所实现的学习不一定要进行复制性的体验，也可能直接转化为一种间接经验进而丰富个体的认知，因此，创业价值观教育行为模仿的结果并不一定体现为对某种创业实践模式的复制，也可能是对某种创业认知态度与价值取向的模仿。

　　模仿学习机制的基本特征决定了大学生创业价值观教育中的行为文化化人的实践模式，主要包括以下两种类型。一是对教师行为的模仿。师者，人之模范也。教师作为传道授业解惑的长者，是学生天然的模仿对象。在课程教学过程中，不仅教师在课堂上讲授的知识、方法与技能是学生学习的对象，而且教师在教学活动中表现出来的言行举止、思维方式与行为模式也在用无声的方式向学生传递着某种价值理念。这就要求教师不仅要在教育内容上融入创业领域的前沿知识与先进思想，更要用创业思想变革传统教学思维，将教学活动视为创业实践，不断地将有价值的创新想法转化为教学活动中的实际行动。具有创业精神的教师在教学过程中的创业行为会成为学生模仿学习的典范，会促进他们进一步强化并固定他们正向、积极的创业价值理念，反之则会阻碍价值的认同。同时，积极鼓励教师在教学之余参与一些创业实践活动，也可以为学生提供行为上的榜样示范。二是对朋辈典范的模仿。依据近距离与相似度参照模式，如果模仿者与被模仿者之间的生活空间距离相对较近或者生存环境相似度较高，就会在一定程度上提升他们之间的模仿学习效果，否则就会阻碍模仿学习的发生或者削弱其效果。这就要求我们在行为文化化人的路径中，一定要立足于学习者的现实生活，注重在他们的生活圈子之内或者与其有着相似成长经历的人群之中，选取合适的创业典范作为他们可能模仿学习的对象。因此，大学生创业价值观教育要积极在学生身边发现一些创业楷模与业务精英，同时还要充分利用电视、广播、报纸、杂志等传统媒体，以及网络、手机等新媒体的舆论引导功能，加强对这些标杆人物创业实践经历的正面报道，通过他们的成长经历与人格魅力激发学习者自觉模仿的进取心，进而使他们在潜移默化中学习成长。

四、精神文化素养培养路径

精神文化也就是通常意义上的"小文化"，是人类从事精神性社会实践活动的文化产物，它既以文学艺术作品等实物形式存在，也以一定的精神氛围存在。大学生创业价值观教育中的精神文化化人路径，不是要用含有创业元素的图书、资料去教化学习者，而是要将创业文化植入校园文化生活之中、融入大学文化理念之中，使创业精神渗透和弥散在校园生活的每一个角落，营造一种崇尚创新、包容失败的创业文化氛围，引导学习者在不知不觉中受到精神上的感染、熏陶与教化，促进创业文化的传递、传播与创生。

精神文化对个体的教化作用主要是依托感染机制来实现的。所谓感染，是人的一种同化反应形式，它表现为个体对他人和特定情境自觉地产生共鸣或类似的心理状态。大学生创业价值观教育中精神文化对学习者的感染，就是希望通过某种方式能够在学习者无意识或者不自觉的情境下，使他们与教育者在创业认知与创业行动等方面达成某种共识、产生某种共鸣。这就要求大学生创业价值观教育在精神文化化人的过程中明确几个关键问题。一是精神文化对个体的感染需要以在感受与认知方面具有一定程度的相似性为基本前提。精神感染的实质是一种情绪、情感以及认知的传递与交流过程，也就是说，只有在这些方面拥有某种共识的主体之间才能实现这种传递与交流。创业精神对学习者的文化感染，不能只是一味地强调创业精神的崇高与伟大，更要注重从学习者的视角出发，既要为他们提前做好相关的创业价值认知准备，又要帮助他们把握能够唤起共鸣的人物事件或者情境契机。二是精神文化的感染不能具有主观预设性。创业精神的感染机制是一种无声的教化，这就要求教学者在精神感染的整个过程中不能流落出任何目的性的痕迹。如果让学习者察觉到某种情境是特意为了达到某种教育目的而有意创设的，那么这种教化作用也会自然消退甚至会有相反的作用。三是创业精神对学习者的文化感染要融入他们所处的文化情境之中。创业精神的文化化人路径，不是要摆脱现有文化去创造一个新的文化世界，而是希望通过创业精神去发展与创新现有的文化体系。因此，创业精神的文化化人路径不仅要用创业文化去丰富与发展传统文化，还要实现创业文化发展与区域文化特色的有机结合，将创业文化植入大学文化理念之中，嵌入校园文化活动之中，实现文化的代际传承与多元化共生。

大学生创业价值观教育的精神文化化人路径主要包括三种实践模式。一是社会环境感染。社会环境是创业文化萌生、发展的肥沃土壤，也是实现精神感染的重要平台。创业文化对个体的教化过程是一个系统工程，不仅涉及整个社会发展的大环境，还涉及教育体制内部的中环境以及校园内部的小环境。只有让学习者在不同层次的社会环境中都感受到取向一致的文化感染，才能真正激发出他们参与创业的内在精神动力，强化并确认创业的价值理念。如果社会倡导大众创业、万众创新，但是在教育体制内部依然遵循唯成绩论的价值标准，那么无论校园内部营造什么样的文化环境都很难化解学生在成长过程中的价值困惑。二是舆论氛围感染。社会舆论与文化氛围是社会价值坐标的具体体现。中国的文化传统与现实国情决定了当下大学生的发展已经不仅事关他们个体的未来，而且也包含着整个家族成员的期待。也就是说，创业的价值认同不仅需要让学生本人在思想上引发某种共鸣，更要在社会民众的心中达成某种共识。只有营造"崇尚敢为人先、勇于突破"的舆论氛围，从崇拜权威转向勇于挑战，从执迷于成功转向包容失败，才能使创业文化真正触及大学生心灵深处，影响他们的生存模式。如果学生在学校所受到的文化感染与未来进入社会所面临的舆论氛围之间存在较大的反差，例如学校倡导的创业被社会视为不符合大学生身份的谋生手段，那么势必会引发学生对创业与否的价值冲突。三是校园活动感染。创业精神需要在创业实践的过程中体现。也就是说，大学生创业价值观教育的精神文化化人过程必须与创业实践相结合，只有让学生亲自进入创业实践的现实情境之中，学生才能身临其境地体验到创业精神的感染。这就要求教育者充分利用校园活动平台，积极组织有关科技创新、文化创新、模拟创业等方面的校园活动，将创业精神融入校园文化生活之中，引导学生在校园生活中感受创业精神的感染与触动。

第三节　以思想转变为核心的教育者培养路径

教师素质决定教育水平。专业化的师资队伍建设是提高创业价值观教育质量、提升未来人才创业素质的前提与保障，是大学生创业价值观教育实施过程中的关键环节。思路决定出路，理念决定道路。目前，创业价值观教育面临的瓶颈不在于教育者是否拥有最前沿的创业知识或者最权威的创业理论，也不在于他们是否掌握了最有效的创业实践方法与策略，而在于他们是否能够成功运用这些知识理论或者方法策略完成对自我的改造。也就是说，创业价值观教育的教育者培养不仅要为专门从事创业课程教学的教师提供专业化的发展路径，更要注重为高等教育的每一名教师植入创业的思维基因，同时鼓励他们在教学活动以及日常生活中生成并不断强化自己的价值信念。

一、由因果推理向效果推理的逻辑思维拓展

所谓因果推理，以管理者能够事先预测未来并据此制定决策为基本前提，在一段时间里，这种理论一直被视为新古典经济学中的经典决策逻辑。然而，这一决策逻辑在面对未知与不确定的情境时表现出了明显的力不从心，始终无法获得具有公信力的研究结论。在传统的教学活动中，教育者主要承担着以知识教育与价值导向为核心的教学任务与使命。对教学目标的精准指向决定了因果推理是教师在教育过程中常用且有效的逻辑思维方式。随着科学技术的高速发展以及信息化手段的不断更新，单靠拥有某类知识或者掌握某项技术已经远远不能满足社会发展的现实需求，培养能够适应时代发展需要的创新创业型人才是国家对高等教育提出的全新要求。然而，对于指向不可预知的未来社会需求以及面对诸多不确定性的创业实践活动，教育者以往的因果逻辑思维方式遭遇了前所未有的挑战。效果推理理论的提出，有效地突破了教师在传统教学活动中一味追求某个可以预测的结果目标的思想束缚，从传统的目标导向转向手段导向、从预测回报转向评估损耗、从竞争分析转向战略联盟、从回避权变转向利用权变、从预测原则转向控制原则，构建了多维的教育思维新模式。这一思维模式在教育领域的运用，将有效地引导教育者走出以往局限于基于因果逻辑的线性思维束缚，立足于基于效果推理的系统性思维方式重新审视教育的目标与定位、学生的成长与发展、教学活动的设计与实施，有望突破当下教育对满足未来不确定的社会需求无能为力的僵局，成为新时代教育观范式变革的重要催化剂。

一是对教学观的变革。教师的教学观主要包括教师对如何看待教育、如何设计教育以及如何实施教育等问题的核心态度与观点。首先，在教学定位的问题上，基于因果逻辑的思维方式，教育者习惯于从目标导向出发去认识教育，着眼点往往聚焦于为了达到某种目标要求"我应该做什么"。然而，人类未来世界的无法预知性决定了教育者往往很难事先就坚定某种具体的、可以量化评估的教育目标。也就是说，教育者对教育的定位只能建立在某个方向性的目标指向的基础上，那么我们不难发现，这种模糊性的方向指引无法回答教育者关于"我应该做什么"的提问。然而，效果推理逻辑主张手段导向，这种思维方式在面对不确定的未来的时候更倾向于首先思考"我能做什么"。教育者应该跳出原有的思想束缚，立足于现有资源，将教育定位为自身在现有资源下能够为学习者在某一方向上提供

哪些指导与帮助。这不仅可以有效消解教育者对预测未知世界是否正确的迟疑与彷徨，而且还可以引导他们跳出过分依赖理论推导去追求真理的思维局限，加速先进思想与理念实现实践转化的社会进程，从而在实践中不断更新认识、验证思想、发展理论。

其次，在教学设计的问题上，基于因果逻辑的思维方式，教育者主张按照对教育目标的贡献度来设计教学活动。这就意味着，教育者要根据以往的经验或者参照某种评估办法，对某种教学活动能够引发的教学效果进行主观的预期。然而，对于创业来说，每个学习者未来创业的领域不同，那么在创业过程中所需要的素质能力以及资源环境也就不同；即便同一个学习者，他此时的创业项目和未来可能参与的创业项目也有可能不同，那么他在不同时期的创业教育期待也会有所差异。严格地讲，对于创业教育来说，教育者无法在教学活动开始之前就明确地掌握这次教学能为学习者提供哪些帮助与支持，而只能在教育实施的过程中根据学生的需要与反馈随时调整。然而，效果推理逻辑主张通过计算是否可以承担行为可能带来的损失来确定行动方案。也就是说，它主张通过"小行动"的方式迅速将想法转化为行动。在教育活动中，对学生创业发展有帮助的各种教育活动都被鼓励实施，而不去计较其是不是最优的选择与策略。但是，它同时强调这种实施必须首先小范围、小规模地进行，在能够承受的损失范围内试行，然后在行动中检验其可行性，进一步确定优化或者迭代的后续策略。

最后，在教学实施的问题上，基于因果逻辑的思维方式，教育者习惯于按照既定的教学计划完成教学任务。他们更倾向于将教育实施过程中的突发事件视为教学方案计划得不够周密，或者教学实施过程不够规范所导致的不良后果。这就要求：一方面，教育者要尽可能地利用各种资源丰富自己所掌握的知识、方法以及教学经验；另一方面，教育者也要在教学实施过程中通过各种方法引导学习者形成有别于教学预期的想法或者疑问。不难发现，这种思维方式不仅为教学者自身实施教学设置了很多人为的障碍，而且更遏制了创新思维与创业精神的培养，严重违背了创业教育的初衷。然而，效果推理理论主张充分利用这些在发展过程中可能出现的各种变数，并将其作为新的发展契机。在教育活动中，教育者常态化地对待在教育过程中可能面临的各种突发事件，既可以引导学习者在"鼓励创新、勇于突破"的教育氛围中受到创业文化精神的触动与感染，也会自然地消解教育者自身面对权变时的恐惧与不安，同时，积极、正面的心态还会引导他们理性地发现隐藏在这些变数背后的潜在教育需求，为教育实现创新性的发展与革新带来新的契机。

二是对学生观的变革。教师的学生观主要是指教育者对学生的根本观点与态度，包括判断学生好坏的价值标准、对学生与学生之间关系的定位等。基于因果推理逻辑，教育者习惯于用线性的思维模式去认识事物、分析事物，从而做出判断。因此，教育活动往往被视为一种竞技类学习活动，领先的学生被称为好学生，落后的学生被视为坏学生；学生与学生之间虽然也可能存在短暂的合作，但是并不能改变彼此之间同为"运动员"的竞争关系。在这种学生观的驱使下，教育者已经习惯于用学生的学习成绩或者某项考核成绩的提升或者下降来衡量其成长或者退步，同时也会不自觉地通过学生之间的相互比较来实现某种激励。长此以往，教育者在潜移默化中传递了这样一种价值理念，只有超过对手才能获取成功。显然，这与当下强调多方共赢的和谐社会价值理念大相径庭，与鼓励协同发展的创新创业理念背道而驰。然而，效果推理逻辑主张战略联盟的思维方式，提倡不同主体之间实施一种竞合式的发展理念。在教育活动中，教育者将从对学生一元化的线性评估发展为多元化的立体评估，从多维度出发去审视学生在不同领域、不同方向上的进步与成长，也就自然不会再执迷于将不同的学生按照同一标尺进行量化比较。同时，学生之间的差异化发展也使他们自身成为拥有不同资源的不同主体，那么教育者也自然地可以利用这一特质引导不同主体之间建立合作的关系，通过共享资源、分工承诺的方式最大限度地提高学习效率，实现共同发展。这不仅可以充分调动学生参与学习的主动意识，有效发挥他们之间互动合作的积极性，最大限度地提高教育的实效性，而且还可以通过教育者的具体行动向学生传递这种竞合式的发展理念，促进他们对合作共赢的创业价值的认同。

三是对发展观的变革。教师的发展观是指教育者对教育未来发展走向的看法与态度。基于因果推理逻辑，教育者主张通过预测的方式规划教育未来发展的走向。这就要求教育者要通过理性推演或者某种既往的实证调研经验，推断出教育未来的发展趋势，从而提出应对的策略。显然，在指向未知的时候，这种推断过程不仅需要消耗较多的资源，同时也存在较大的风险。然而，效果推理逻辑主张立足当下，在主体可以掌控的范围内实施行动，通过小幅度推进的方式在实践中验证并不断修正教育未来发展的方向。在教育活动中，教育者只需要充分调动可以使用的全部教育资源，为他们提供一个又一个有利于他们成功创业的教育活动，在教学活动实施的过程中不断发现新的需求契机，进而组织新的教育活动，不断逼近终极教育目标的实现。这不仅可以帮助教育者摆脱面对终极教育目标时具有的无力感,而且还会通过一次次小的成功体验唤醒他们对创业教育的信心,激发出他们推动创业教育发展的内在动力。

综上所述,效果推理理论为教育者提供了在指向未知与不确定的情况下也适用的全新思维模式。然而,这并不意味着对因果推理逻辑的否定或者放弃。每一种思维方式都有其使用的条件与适用的范围,因果推理适用于对具体目标的逻辑推演过程,而效果推理适用于在未知与不确定的情况下的目标追求。教育者只有不断丰富个体的思维方式,熟练地在不同现实情境下灵活地切换不同的思维方式,不被任何一种思维所束缚,才能够动态地把握教育的发展规律,促进教育的长足发展与实效推进。

二、由以技术为本的创新思维向以人为本的设计思维拓展

伴随着 18 世纪 60 年代以来的工业革命与 20 世纪 90 年代以来互联网通信革命的高速发展,以科技进步为核心的创新思维引导着各个领域的技术突破,不断变革着人类的生存策略。然而,正如德鲁克在《创新与企业家精神》中所说的,仰赖技术具有极大的风险,因为只有极少的技术创新会带来直接的经济回报,而大多数为技术创新所投入的时间和资金都得不到合理的经济回报。进入 21 世纪以后,人们开始逐渐意识到单纯依靠以技术革命为核心的创新成果已经远远不能适应当今世界的发展需要,取而代之的是一种能够在达成商业目标的前提下,以可用的科技满足人们的需要的技术,而这正是设计思维的源头。设计思维是一种全新的创新思维。它的核心思想在于突破了传统创新思维中以技术为中心的物化导向,既超越了单纯依靠灵感创作所形成的纯感性认识,又摆脱了过度依赖技术创新所建立的纯理性分析,是一种真正全面的"以人为目的、以人为根本"的全新思维方式。

目前,很多教育者仍然执着于追求以技术创新为核心的突破性发展。他们习惯于按照理论发展的历史脉络或者知识体系的逻辑结构组织教学,意图在科学技术的传承过程中引导学生实现突破性的创新。然而,社会对教育的价值诉求已经不再局限于新技术的创造,而是更加倾向于引发更大范围的深层次变革。提出能够激发社会各个层次的民众参与创新过程的新策略,唤醒每个社会成员参与创新、勇于创造的使命感是社会发展对高等教育者提出的时代命题。以人为本的设计思维为教育者提供了一种全新的思维模式,有效地提升了他们在教育实施过程中对社会化需求以及人文关怀的关注度,这对于逾越知行鸿沟具有重大的战略意义。设计思维对教育思维的影响不仅仅是在教育技术手段的革新上,这种革新更是一

种释放其颠覆性的升级式革命，指向包括教育提出的动机、教育实施的策略以及教育成果的推广等各个领域。

一是在学生需求中寻找教育契机。目前，教育者仍然习惯于从学科发展出发设计并组织教学活动，也就是说，教育的动机主要来源于社会或者教育者的外在需要，而并非学习者自身的内在需求。设计思维提出了一种一切从人出发的思维视角，主张将个体的需求放在设计的首位。这就要求，教育者只有将外在需要转化为学习者的某种内在需求，才可能实现教育的真正意义。首先，教育者要深层次地洞察。一方面，教育者要努力洞察学习者在学习与生活中的现实需要，不仅关注他们已经意识到的显性需要，更要重视他们不曾表达、尚未意识到的潜在需要；另一方面，教育者还要积极引导学习者运用洞察的眼光认真审视日常生活中的方方面面，将发现的新问题、新需求作为未来学习的契机与动力。其次，教育者要尝试与学习者换位思考。换位思考不是站在学生的立场上出发给予他们同情与理解，而是要以他们的眼光认识世界、以他们的经验理解世界、以他们的情感感知世界。只有超越了教育者的角色束缚，才能引导他们真正走进学习者的世界，使教育获得一种触动心灵的共鸣。最后，教育者还要将换位思考延伸出去。教育者的换位思考不会一次性完成，对这一学生群体的换位思考未必适应下一个学生群体。因此，教育者要将针对个人或者个别群体的换位思考延伸到不同的群体，尝试探索对不同特质、不同需要的学生实施差异化的教育。

二是在教学行动中建立教育理念。目前，很多教育者仍然习惯于先构建一种教育理念，而后实施一种教育的实践模式。然而，在学者提出的诸多教育理想模式中，我们很难给出一个权威的答案去绝对支持或者批判某种模式。这也就造成了很多也许很有价值的新点子，由于并未得到有力的支持与肯定而早早夭折，未能在教育实践中发挥其应有的价值。设计思维提出的"用手来思考"的思维方式，为化解这一难题提供了策略支持。首先，教育者要用快速行动取代周密规划。实践是检验真理的唯一标准。一种教育模式是否适用，最重要的衡量标准是教育效果的好坏。当然，这种效果不仅包括教育刚刚实施后的即时性效果，而且包括教育实施一段时间后的延迟性效果。因此，教育者要勇于将对教学的新点子、新方法在可以控制的范围内进行小规模尝试，用一次次实践后的教学反思取代对理论构想的预测式思考，促进教育在快速迭代中获得突破性的发展。其次，教育者要将与学习者共同面对失败纳入教育的结果预期之中。在很多教育者的传统思维方式中，帮助学习者获得成功是教育的唯一目标期待，尽管他们也会在教育的价值诉求中提到包容失败的想法与态度。然而，历史的经验告诉我们，无论是对于个体的成长还是对于组织的发展，成功都是偶然的，而失败是在所难免的。那么，我们在教育活动中与学生一起在可以控制的范围内体验失败，在实践中强化并验证一种"总会走出失败、终将迎接成功"的正向价值信念体系，又何尝不是一种具有更大价值的教育诉求呢？

三是在参与体验中变革生存策略。在传统教学活动中，教育者以绝对权威的形象出现，在教育过程中处于绝对主动地位。教育被视为一种教育者帮助学习者获得某种知识、掌握某项技能、发展某种认知的过程。然而，设计思维认为，设计的目标不是为客户提供某种完美的商品，而是要引导他们参与到设计的过程中，在体验中改变以往的认知方式或者行为模式。这就要求，教育者需要转变以往将知识传授与技能训练作为教育唯一目标的认识，因为在互联网引发世界通信领域的革命之后，那些知识与技能对于学习者来说已经不再困难，而要将教育关注的焦点放在如何引导学生更新并发展某种先进的认知与行为方式上。首先，教育者要将教育活动从给予式传授转变为参与式体验。学习者只有在参与的过程中，才能真正尝试一种新式的认知与行动，才能从中体悟这种改变给个体带来的变化，从而形成对它的价值认知。因此，引导学习者参与教学，是帮助他们认同教学内容、接受教学目标要求的前提与基础。其次，教育者要将教学目标指向学习者的体验与感受。就好像让客户彻底接受一种产品的终极表现是让他们习惯一种生存方式一样，学习者掌握一类知识或者一项技术的终极表现也在于让他们接受并认同一种思维方式或者行为模式。这就要求教育者将传统教学对于学生在知识掌握、技能习得等方面的初级价值目标发展为对于他们形成某种思维方式与价值信念的高级价值期待，引导他们接受一种全新的生存策略，这才是教育的终极价值诉求。

三、由养成创业思维向生成创业信念拓展

如果说创业思维的养成是基于某种先进理论丰富并发展我们既有的思维方式，那么，创业信念的生成则是唤醒隐藏在我们内心深处，连我们自己都未曾发觉的某种信心与勇气。目前，在中国的高等教育中，大多数教师对于从事创业教育是回避的，甚至可以说是畏惧的，因为它已经超出了教育者在心理上的安全区域。一方面，大多数教育者，甚至一些商科或者管理学科背景的教师，并没有实际创业的经历，缺乏实践上的直接经验，对教学活动感到无所适从；另一方面，迄今为止，创业学科仍没能在学术领域站稳脚跟，即便一些高校已经建立了创业专业，但不可回避的是，创业领域仍然缺乏系统的知识体系与扎实的理论基础。这就意味着，对于创业教育者来说，从事创业领域的教育活动本身就是一种创业，

其中充满了前所未有的挑战。如何使教育者在克服创业恐惧的同时坚定进行创新的决心，在释放创业激情的过程中生成并强化他们的价值信念体系，是创业教育的关键。

一是运用"成长型思维模式"唤醒对创业的自信心。在一段相当长的时间里，大家对创意、创新、创造、创业等一系列与开创性有关联的词汇产生了严重的误解，它们要么被视为一种可遇不可求的灵光乍现，要么被视为天马行空式的英雄人物所经历的传奇事迹，又抑或被理解为某种与生俱来的天赋特质。这些对于创业的"谬见"依靠固定型的思维模式成为人们回避创意、畏惧创新、放弃创业的有力借口。然而，创业型的生存策略对于我们每个人来说并不陌生，运用创业的思维方式将创意想法变成现实，运用创业的行为模式为生活创造新的价值，这些情境在我们的成长经历中屡屡发生。

二是运用"引导式精熟法"克服对失败的恐惧。斯坦福大学的心理学家阿尔伯特·班杜拉在整合了替代学习、社会说服和渐进式任务等心理学工具的基础上，提出了通过小幅可控的渐进步骤帮助人们直面恐惧的"引导式精熟法"。这一研究成果可以成功地帮助教育者走出害怕失败的阴影。首先，我们要帮助教育者重新建立对失败的正确认知，不仅包括帮助他们再次强化"成功者都是从无数次的失败中走出来"的正向认知，而且包括转变他们对学习者的片面认知。教育者只有真正接受"陪伴学生一起经历建设性的失败比帮助他们一次性获得成功更有意义"的教育理念，才能从根本上克服对失败的恐惧。其次，还要鼓励教育者在创业实践的过程中磨炼战胜失败的胆识。"引导式精熟法"指出，个体只有凭借亲身体验的力量才能消除以往错误的观念偏差。这就要求我们不能仅以教育者在帮助学生成功的方法与策略方面贡献了多少为考核标准，更要将他们如何陪伴学生经历错误的尝试，帮助学生在错误中找出可以改进之处，进而引导学生走出失败、建立理性的价值信念的过程视为教育过程中的宝贵财富。同时，鼓励教育者勇于分享自己在教育过程中的过失，承认自己以往的挫败，也会在一定程度上帮助学生正视失败、轻装上阵，赋予学生拥抱失败的勇气。

三是通过"释放创业激情"坚定价值信念体系。教育者如果将教育视为一种工作，那么教育将只能是一种照本宣科的机械化行为；如果将教育视为一个职业任务，那么教育者的投入与付出都将指向获得教育主管部门的首肯以及教育对象的认可；只有将教育视为一种使命，才能真正将教育者的注意力放到教育本身，教育者才能在实施教育的过程中获得内心的满足感与成就感，不断探究教育能够创造的更大范围或是更深层次的价值与意义。

参考文献

［1］常宇靖，王静. 择业观对大学生就业质量的影响研究［M］. 长春：东北师范大学出版社，2018.

［2］张宏. 大学生职业价值观教育体系研究［M］. 哈尔滨：黑龙江大学出版社，2015.

［3］孔洁珺. 大学生创业价值观教育研究［M］. 北京：中国人民大学出版社，2021.

［4］房广顺，等. 当代大学生人生观教育研究［M］. 沈阳：辽宁人民出版社，2011.

［5］陈章龙，周莉. 价值观研究［M］. 南京：南京师范大学出版社，2004.

［6］黄希庭，郑涌，等. 当代中国青年价值观研究［M］. 北京：人民教育出版社，2005.

［7］刘素华. 建立我国就业质量量化评价体系的步骤与方法［J］. 人口与经济，2005（6）：34-38.

［8］曾向昌. 构建大学生就业质量系统的探讨［J］. 广东工业大学学报（社会科学版），2009（3）：18-21.

［9］李金林，应伟清，吴巨慧. 构建高校就业质量科学评价体系的探索［J］. 现代教育科学（高教研究），2005（2）：60-62.

［10］周蓉. 大学生就业心态：社会生态视域下的新常态及其应对［J］. 当代青年研究，2022（2）：94-101.

［11］张泽宝. 大学生就业价值观塑造论析［J］. 学校党建与思想教育，2021（10）：76-78.

［12］石泽玮. 高校课程思政建设视域下学生就业价值观引导路径研究［J］. 黑龙江教育（理论与实践），2021（5）：12-14.

［13］郭欣，王清亚. 大学生就业价值观的生成机理与引导策略［J］. 思想政治教育研究，2021（2）：120-123.

［14］刘梦茹. 新职业涌现对高校大学生就业环境影响及其应对探析［J］. 中国大学生就业，2021（8）：38-42.

［15］李旺. 青年就业观的影响因素及应对策略［J］. 人民论坛，2021（11）：89-91.

［16］刘海燕，杨连生. 马克思青年择业观的内在意蕴及启示［J］. 人民论坛，2021（9）：71-73.

［17］杨艳，甘路有. 论新时代大学生就业价值取向引导的四重维度［J］. 现代教育科学，2021（1）：90-96.

［18］汤慧. 以社会主义核心价值观引领当代大学生就业观研究［D］. 杭州：浙江理工大学，2018.

［19］房栋. 大学生就业价值取向变化与引领研究［D］. 长春：东北师范大学，2017.

［20］向亚琳. 硕士研究生就业期望与就业价值取向研究：以上海市 7 所高校为例［D］. 上海：华东师范大学，2017.

［21］姜珍. 当代大学生职业价值观研究［D］. 大连：辽宁师范大学，2016.

［22］李青. 90 后大学生就业价值取向状况及其引导策略研究［D］. 合肥：合肥工业大学，2015.

［23］高照立. 马克思职业理想的当代审视［D］. 北京：中共中央党校，2012.

［24］邹安安. 用社会主义核心价值观引领当代大学生就业观研究［D］. 西安：西安工程大学，2017.